縄文ムラの原風景

御所野遺跡から見えてきた縄文世界

御所野縄文博物館 編

新泉社

縄文ムラの原風景

岩手県一戸《いちのへ》町の台地にある
御所野遺跡は、
縄文時代中期後半に
約八〇〇年続いたムラの跡である。
ここでわかったことから
縄文人の世界をみていこう。

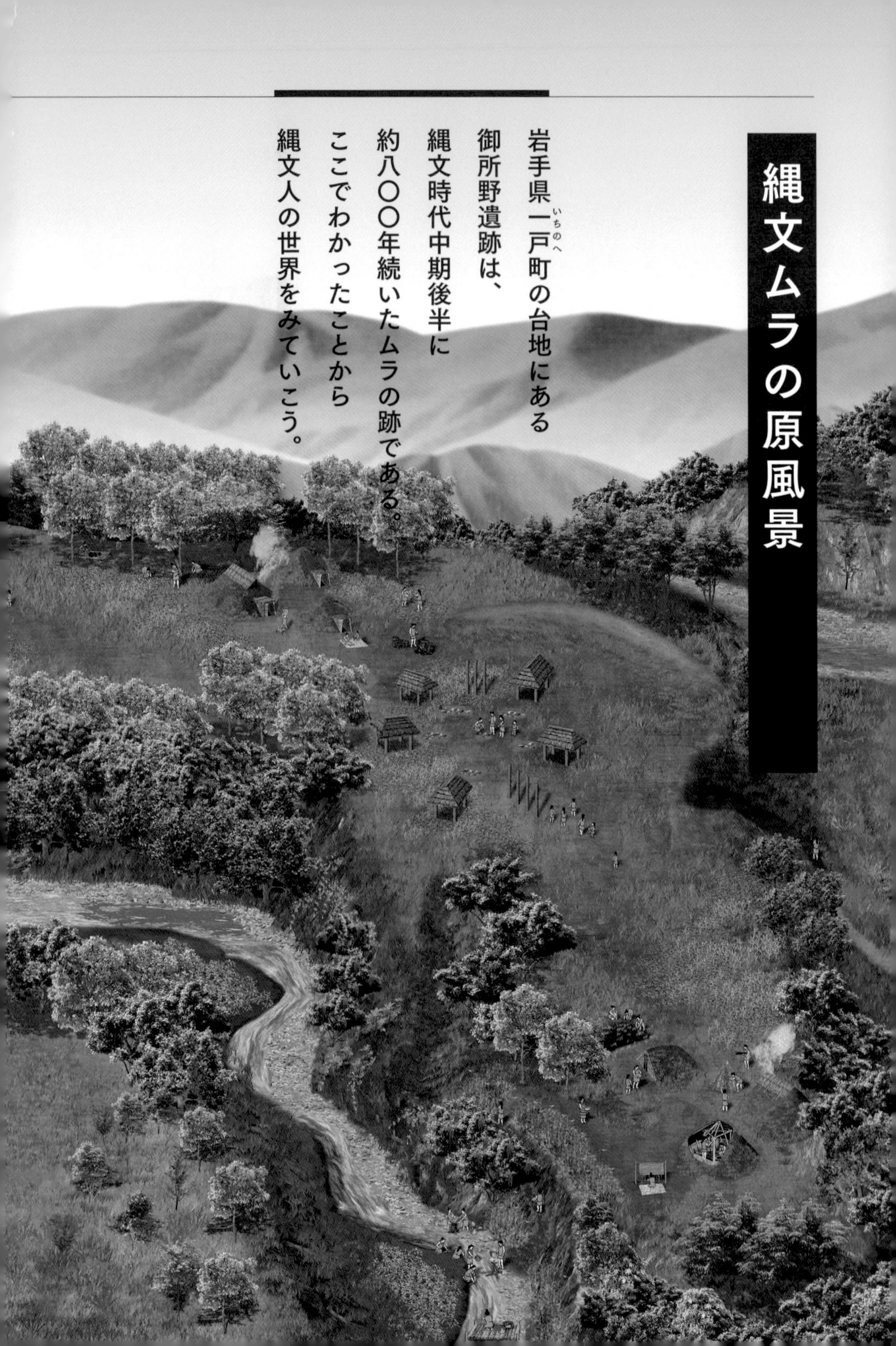

御所野縄文ムラの様子

東西に長い台地の上に、土屋根の竪穴建物のイエがあり、中央には墓と配石遺構などまつりの施設がある。台地の下の川には水を使う作業場をつくり、近くの森ではイノシシやシカの狩りや木の実の採集、木材の伐採をしていた(時期により存在した施設が多少異なる)。

CONTENTS

CONTENTS

御所野縄文公園

川によって削られた
河岸段丘に
火山灰が厚く
積もった大地、
そこで御所野縄文ムラが
営まれた。

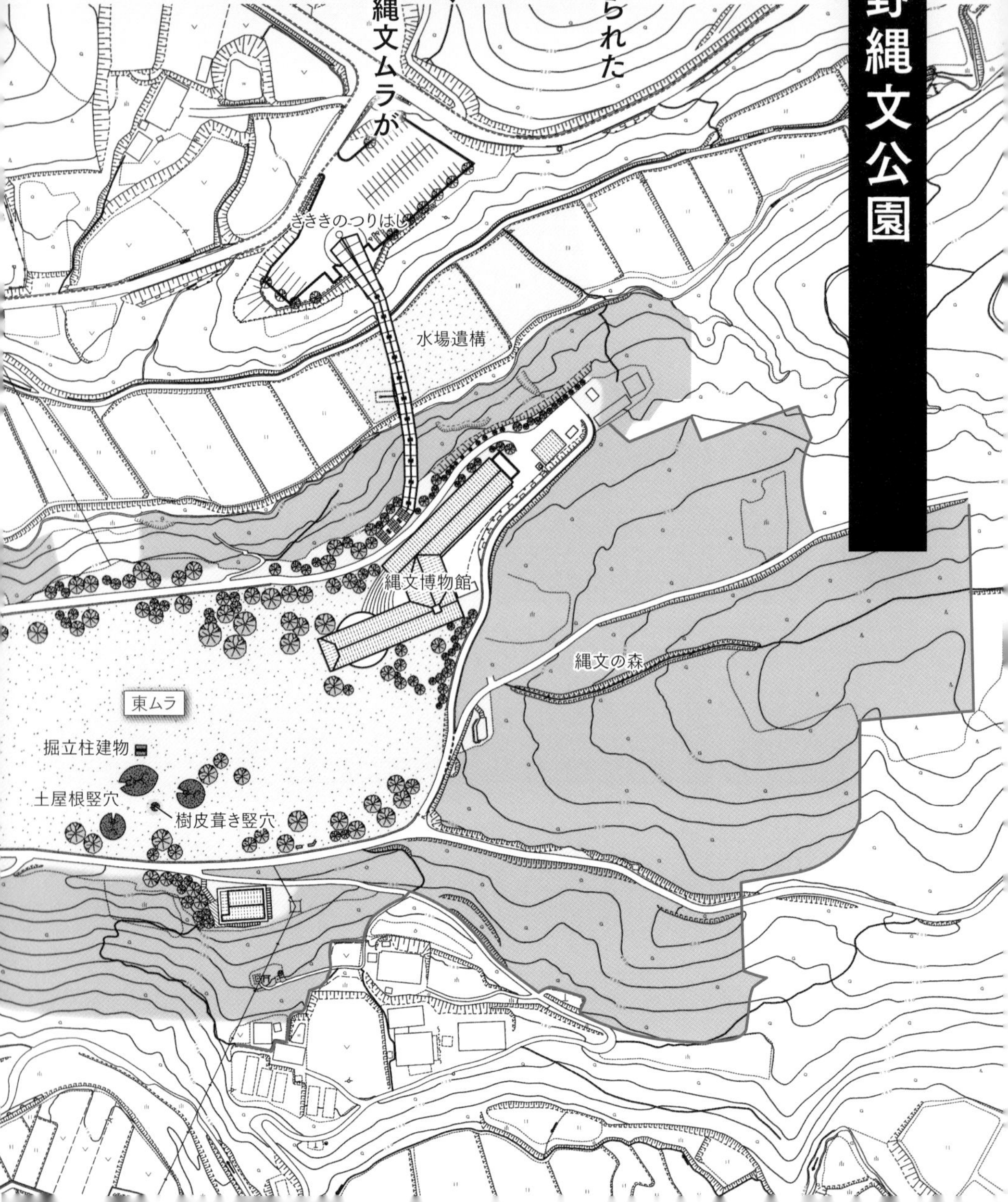

御所野縄文公園

7.7haの台地から丘陵地まで、ほぼ全面が縄文ムラの跡で、現在、御所野縄文公園として公開している。集落の様子は時期により異なるが、東ムラ・中央ムラ・西ムラにあった土屋根の竪穴建物、中央部の配石や盛土など主要な遺構を復元し、周辺の森も縄文里山づくりを進め当時の植生に再生しつつあり、縄文の原風景にふれることができる。

01

豊かな自然環境の誕生

御所野縄文ムラにご案内する前に、まず縄文時代の自然環境をみてみましょう。

いまからおよそ一万五〇〇〇年前、地球は寒い時期（氷河時代*）が終わりをむかえ、温暖な気候へと変わっていきます。温暖化によって氷床が溶けはじめて海水面が上昇し、氷河時代には大陸と陸続きだった北海道が大陸から切り離され、狭かった津軽海峡も現在の幅と同じくらい広くなります。亜寒帯針葉樹林の森はしだいに減少し、落葉広葉樹林が拡大していきました（→❶）。このような自然環境の成立とともに縄文時代がはじまります。

ただし、この日本列島特有の自然環境は、温暖化によってだけでできたわけではありません。いくつかの要因が重なって成立したといわれています。

その要因の一つは、人類が誕生するより遙《はる》か昔にさかのぼります。いまから二〇〇〇〜五〇〇〇万年前のこと、地球は温暖で北極圏の周辺にブナなど温帯系の植物群が繁茂していたといわれています（新第三紀温帯性針葉樹・落葉広葉樹*→❸）。その後、五〇〇〇万年前ごろになると、寒冷化とともに温帯系の植物群の生息地は南下しましたが、ユーラシア大陸に分布していた植物群は氷河によって壊滅状態になりました。ところが、日本列島

氷河時代　地球全体の気候が寒冷になり、氷河が中緯度地帯まで拡大した時代。

新第三紀温帯性針葉樹・落葉広葉樹　二〇〇〇〜五〇〇〇万年前、北半球の中緯度地帯から高緯度にかけて、どこにでも分布していた植物群。「第三紀周北極植物群」とよばれる。

は海にかこまれて温暖だったこともあり、氷河の形成は中央アルプスなどに限られ、温帯系の植物群が多く残り、縄文時代に引き継がれることになりました。

もう一つの要因は高湿多雨の気候です。東シナ海で吸い上げられた湿気の多い偏西風が列島を横断することで多量の雨や雪をもたらします。この高湿多雨の気候によって形成されたのが照葉樹林と落葉広葉樹林です。西日本ではうっそうとした照葉樹林になるのに対して、東日本ではブナを中心とする落葉広葉樹林が広がります。

落葉広葉樹林の森は、春に芽ぶき、夏にあざやかな緑におおわれ、秋には紅葉し、冬には葉を落とすというように季節ごとの変化がはっきりした明るい森となります。そこでは草本類から菌類、さらには根茎類など多様な植物群が育ち、ブナのほかクリ、トチノキ、クルミ、コナラなどの堅果類が、ツキノワグマやカモシカ、ノウサギなどの動物の餌になり、鳥、さらには爬虫類や虫など多くの生物のすみかとなりました。

なかでも北海道南部から東北北部は、温暖化とともにミズナラなどの冷温帯落葉広葉樹林がひろがり、やがて九〇〇〇年前になり、対馬海流という暖流が北上し日本海側に雪をもたらすことでブナ林が拡大していきます。

ところが、五九〇〇年前、十和田火山の大噴火*によって東北地方北部の植生は一気に変貌します。クリが増えるとともに、クルミ、トチノキなどの有用な堅果類が増えます。そして落葉広葉樹の森は森全体の保水力を高め、川を豊かにします。ヤマメ、イワナ、ハヤなどの川魚やウナギ、サケなどの回遊魚が増え、豊かな水産資源をもたらします。こうした自然環境の変化を基盤として縄文文化がつくり出されることになります。

十和田火山の噴火　火山の噴火によりそれまでの森林が壊滅し、新たに陽光を好む木が一気に増えた。

❶ 御所野遺跡周辺の落葉広葉樹林

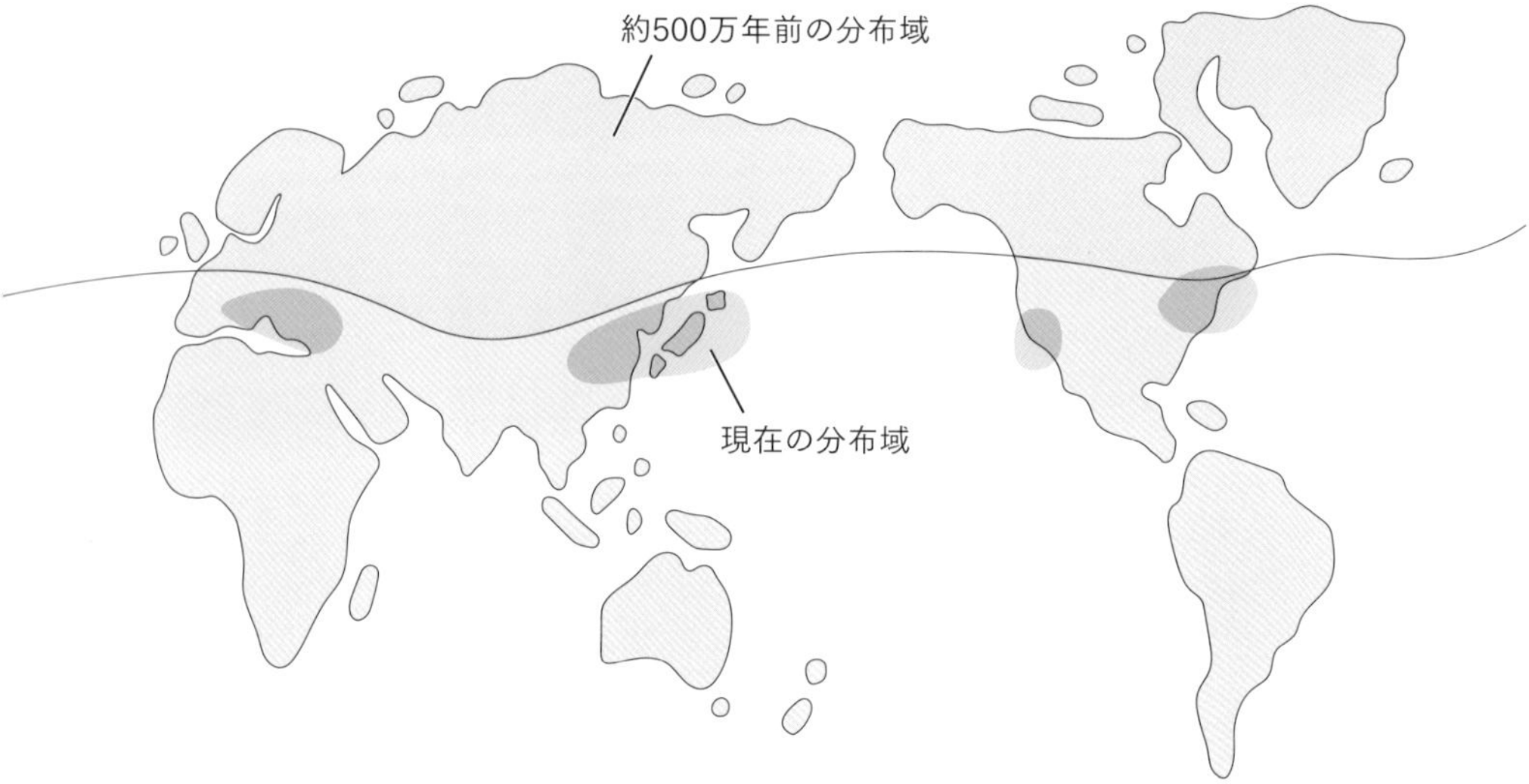

❷ **豊かな植物群**　約500万年前までの新第三紀温帯性針葉樹・落葉広葉樹の分布域（位置がわかりやすいように現在の大陸の形を表示しているが、500万年前の陸地の形は現在と異なる。辻 2006）。

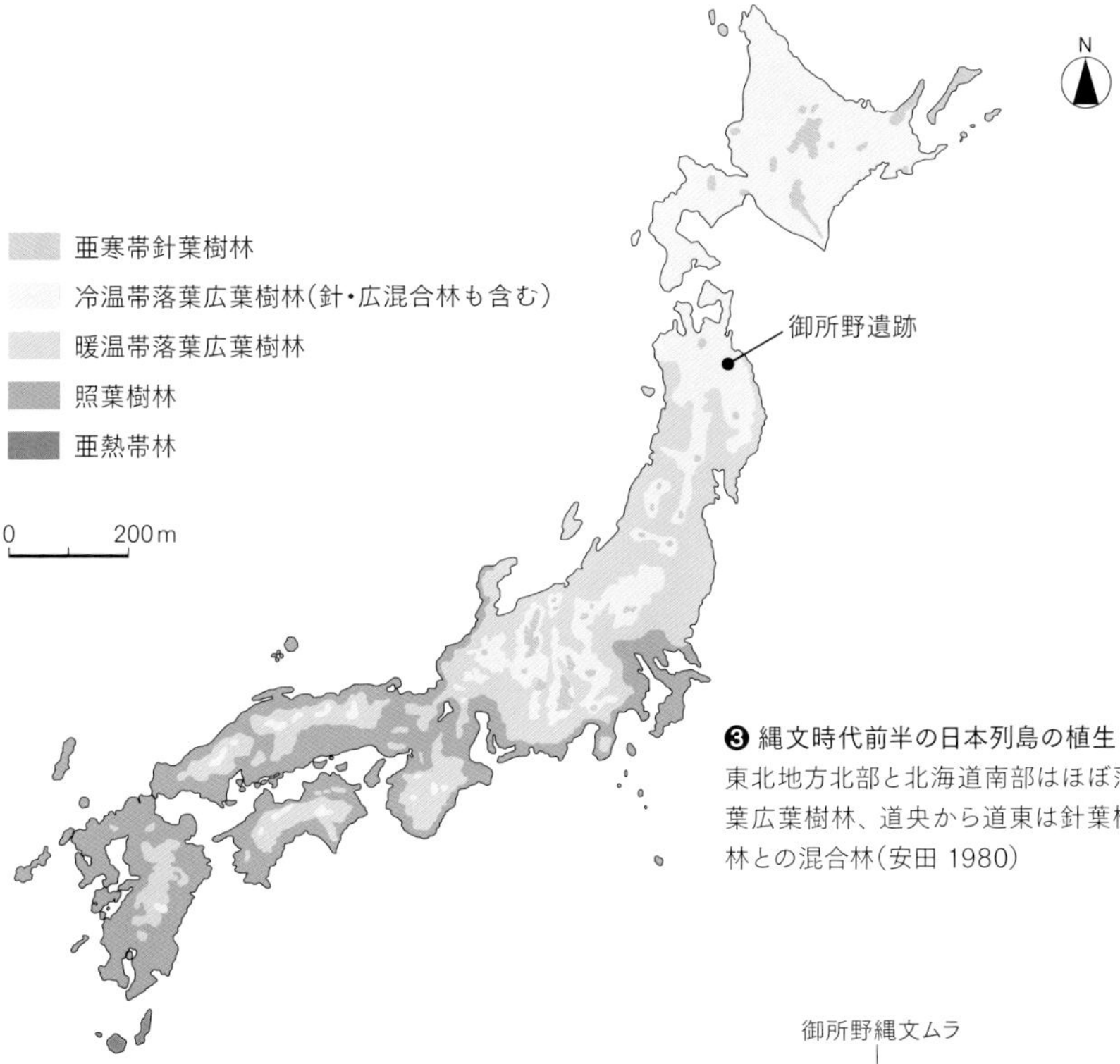

❸ 縄文時代前半の日本列島の植生　東北地方北部と北海道南部はほぼ落葉広葉樹林、道央から道東は針葉樹林との混合林(安田 1980)

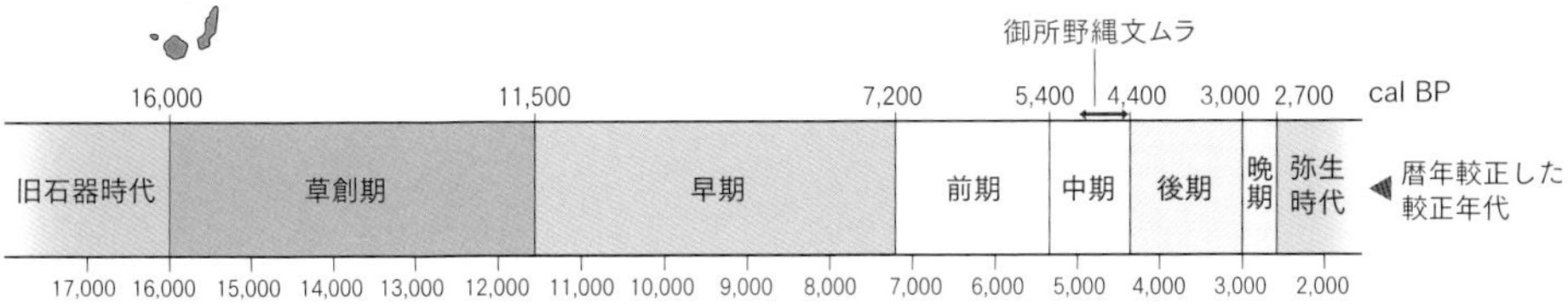

❹ 縄文時代の時期区分と年代　cal BPは1950年からさかのぼった年。

御所野遺跡の時期区分

時期区分	土器型式	おおよその年代 (下段は年代測定値)	ムラのすがた
Ⅰ期	円筒上層c式	未測定	ムラ全体は不明
Ⅱ期	円筒上d・e式	約5,000〜4,800年前 (3,000〜2,800 cal BC)	北の文化の全盛期 (ムラが東から西まで広がる)
Ⅲ期	大木8b式	約4,800〜4,700年前 (2,800〜2,700 cal BC)	南からの影響による変化 (中央に環状集落ができる)
Ⅳ期	大木9式	約4,700〜4,500年前 (2,700〜2,500 cal BC)	中央の墓を中心として東から西に広がる (居住地が東・西にできる)
Ⅴ期	大木10式	約4,500〜4,200年前 (2,500〜2,200 cal BC)	ムラの分散 (ムラは分散し、中央に配石遺構ができる)

注) cal BCは西暦元年から何年前かを示す。

❺ 御所野遺跡の各時期の年代　御所野遺跡では35件の放射性炭素年代測定をおこなっており、その結果を総括して暦年較正して得られた年代をもとに本書ではこのように区分している。

御所野の大地

それでは御所野縄文ムラへ向かいましょう。御所野縄文ムラのある岩手県北部の一戸《いちのへ》町《まち》は、北上山地を水源として北上して八戸湾に注ぐ全長一四二キロの馬淵川《まべちがわ》の上流とその支流域に集落が分布する内陸の町です。

町の北部には馬淵川により浸食された峡谷が南北二カ所にあり、その間が東西二キロ、南北四キロの盆地となっています。この盆地のなかを馬淵川が緩やかに蛇行しながら北西方向に流れており、その両側には谷底平野が広がっています（→❶）。

そして谷底平野の東側には幅三〇〇～五〇〇メートルの段丘が南北に連なり、その背後には傾斜の大きい丘陵が分布し、さらに標高三〇〇～三八〇メートルの山地へと続いています（→❷）。

御所野遺跡は、この盆地の南側、最初の峡谷を抜けてすぐの東側の台地にあります。東西五〇〇メートル、南北一五〇メートルの東西に長く突きでた標高一九〇～二〇〇メートルの段丘面です。

ほぼ全面が安定した平坦面となっていますが、もっとも広い中央部以外の東側では南から北へ、西側では西から東へ緩やかに傾斜しています。台地と谷底平野との間は比高二〇〜三〇メートルの急傾斜の崖となっていて、その下には、北側に地切川《じぎりがわ》、南側に根《ね》反川《そりがわ》が流れ、それぞれ遺跡の西側で馬淵川に合流しています。なかでも根反川は、縄文人の生活と密接に関係する珪化木《けいかぼく》*が分布していて、流域の大半が国の天然記念物に指定されています。

この平坦面は古い馬淵川の侵食によってできた河岸段丘で、その上に三万年以降の十和田起源の各火山灰が厚く堆積してできています（→❸）。このような馬淵川東岸の河岸段丘を構成する火山灰層は、とくに御所野遺跡では縄文人の活動によって大きく改変されていることが大きな特徴になっています。

❹のように御所野遺跡の地層は、十和田火山の噴火にともなう火山灰がいくつも堆積しています。そのうち降下年代が明らかになっている火山灰はつぎのとおりです。

十和田a降下火山灰は西暦九一五年、中掫浮石《ちゅうせりふせき》はいまから五九〇〇年前、南部浮石層は九二〇〇年前、十和田二ノ倉火山灰は一万一七〇〇〜一万四三〇〇年前（噴火は長期間）、十和田八戸降下・火砕流は一万五五〇〇年前となっています。そのほかに弥生時代のはじめごろに噴火した十和田b火山灰も場所によっては確認できますが、御所野遺跡では確認されていません。

御所野遺跡には、このような十和田火山灰が堆積しているため、発掘調査で検出した各遺構のおおよその年代を確定する目安となります。御所野縄文ムラに関連のある火山灰は五九〇〇年前に降下した中掫浮石で、東側から中央部にかけて確認できます。

珪化木　ケイ酸を含有した地下水などが入り込むことによって樹木が原型を変えずに硬くなり石のように化石化したもの。

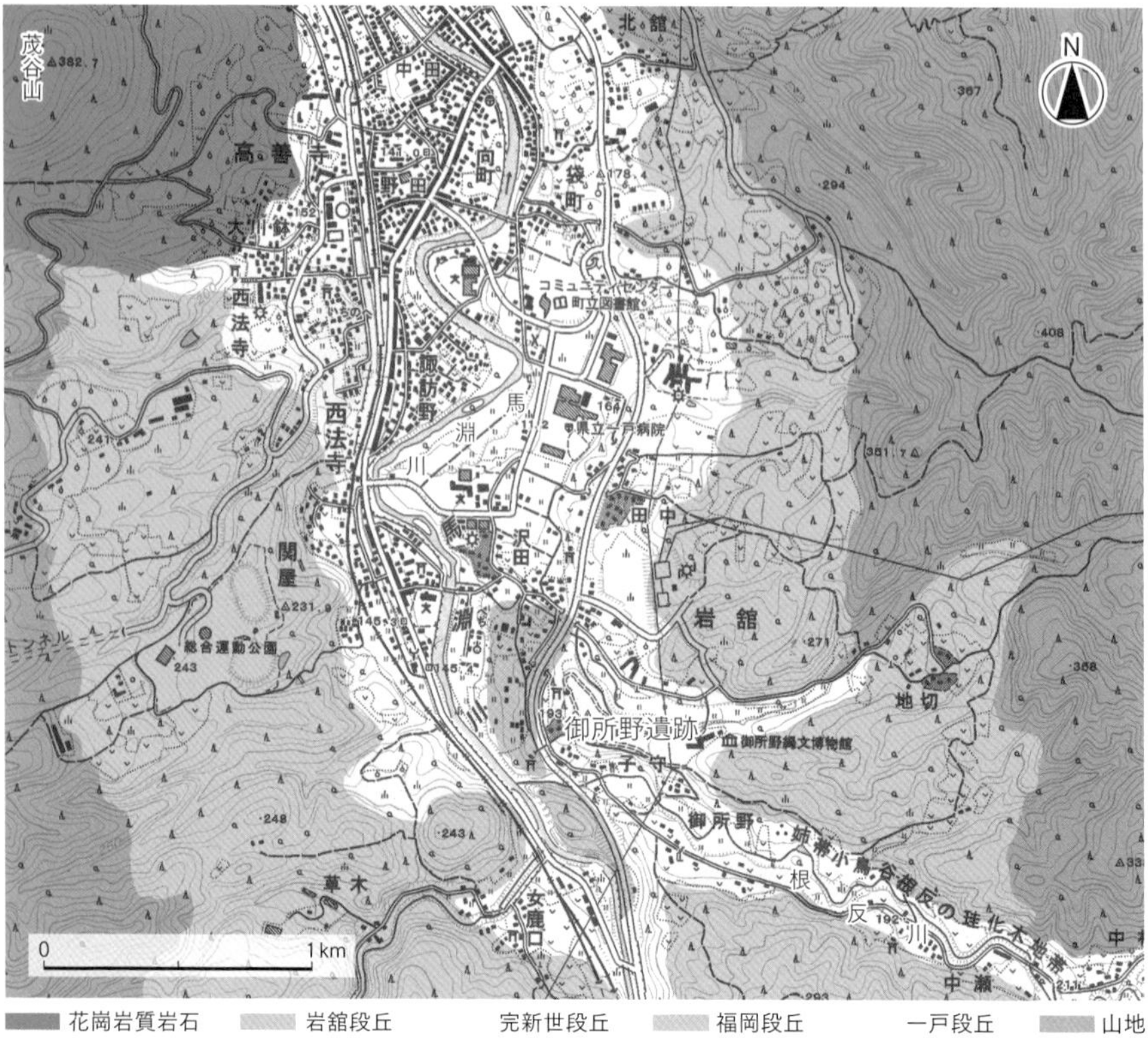

❶ 御所野遺跡と周辺の地形・地質

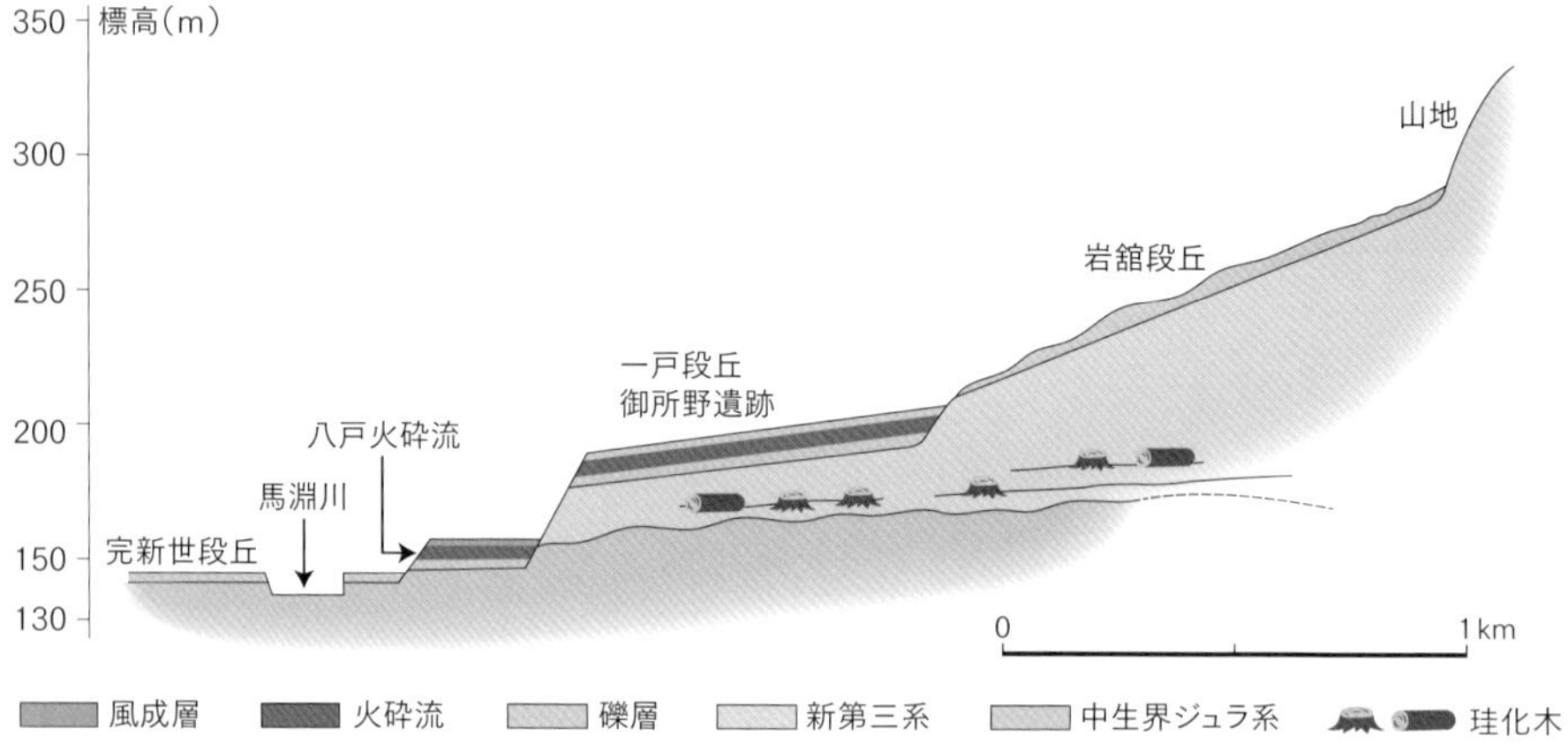

❷ 御所野遺跡と周辺の東西地形・地質断面
段差をわかりやすくするために、上下方向を強調して図示してある。

❸ **御所野遺跡の東側中央部の地質**　II層中に白くみえるものは十和田a降下火山灰、III層中の黄褐色土は中掫浮石、VIII層中の白色土は大不動火砕流がところどころ粘土化したもの。

	I層	黒褐色から暗褐色の砂質シルト層（表土層）
十和田a降下火山灰	II層	黒褐色および黒色土
		◀御所野縄文ムラ
中掫浮石	III層	暗褐色砂
南部浮石	IV層	暗褐色シルト質砂
二ノ倉火山灰	V層	黄褐色から明褐色のシルト質土
八戸火山灰	VI層	白色軽石と灰白色火山灰
高館火山灰	VII層	黄褐色橙色から明褐色ローム層
大不動浮石流凝灰岩	VIII層	灰白色軽石と灰白色火山灰
	IX層	水成の河岸段丘礫層（基盤層）

❹ 御所野遺跡の標準地質断面図
各層序と十和田火山灰との関連を示す。

03

ムラの暮らし

御所野縄文ムラの土器

縄文土器は、時期や地域によってさまざまな形があり、独特の文様がついています。

御所野縄文ムラが営まれた縄文時代中期、東北北部ではその形が名前の由来となった「円筒《えんとう》上層式土器」*が代表的な土器で、東北南部では宮城県中部の太平洋岸に位置する大木囲《だいぎがこい》貝塚から出土した土器から名前がついた「大木式土器」が盛んにつくられました(→❶)。

円筒土器の大きな特徴は、その名前のとおり、バケツを細長く引きのばしたような、細長い筒の形をしている点です(→❷)。御所野遺跡から出土した円筒上層式土器は、やや膨らみがあるものの細長い筒形で、口縁部《こうえんぶ》に大きな突起《とっき》が四つ付いています。胴部の上半に細い粘土紐を貼りつけ、その間にヘラのような工具で刻みをつけて文様を表現しています。胴部の下半には縄目の文様がつけられています。

大木式土器は、全体に縄目の文様をつけた後、その上から粘土紐を貼りつけた後にていねいに整え、ヘラ描きの沈線で大きな渦巻文様を立体的に表現しているのが特徴的です(→❸)。大木式土器はおもに東北南部の宮城県から福島県を中心としてつくられ、縄文時代中期前半ごろまでは、岩手県の中央部までが分布範囲でしたが、中期後半になる

「円筒式土器」 縄文時代前期後半の「円筒下層式土器」と中期前半の「円筒上層式土器」を総称している。

と東北北部のほぼ全域にその影響を受けた土器が広まっていきます。

御所野遺跡は、この北と南の土器の分布が重なる地域に位置していますので、この二つの土器が出土します。なかには円筒上層式土器の形をしていて大木式土器の特徴である渦巻文を描いた折衷型のような土器もあります（→❹）。このことは、たんに土器だけではなく、それらの土器の背景にあるそれぞれの文化をあらわしていると考えることができます。その点は、後で集落の変遷でもみていきます。

さて、縄文土器はおもに食べものを煮炊きする鍋としてつくられました。御所野遺跡から出土した土器にも、炭化物（スス）がついているもの、土器の下半分から底にかけて火にあぶられて明るい褐色に変色したものがあります。煮炊きの痕跡です。

それ以外にも土器は、木の実を貯蔵したり、水を入れたりなど、さまざまな用途に使われたと考えられます。高さ五〇センチ以上もある大型の土器から一〇センチ以下の小型の土器もあります（→❺）。前者は死者をおさめて埋葬する土器棺として、後者は小物入れなどとして利用されたと思われます。

ヒビが入っていても、ヒビの両側に穴をあけ、紐などを通して綴じて修理した土器が出土します（→❻）。縄文人は土器を大切に扱っていたことがわかります。

竪穴建物の入り口付近の炉の横の床下に逆さまに埋め込まれた土器もあります。この土器はなんのために使われたのでしょうか。この土器の底は意図的に打ち欠いて、穴があけられていました（→❼）。中身が残っていないので不明ですが、幼児骨あるいは胎盤などを収納したのではという説があります。

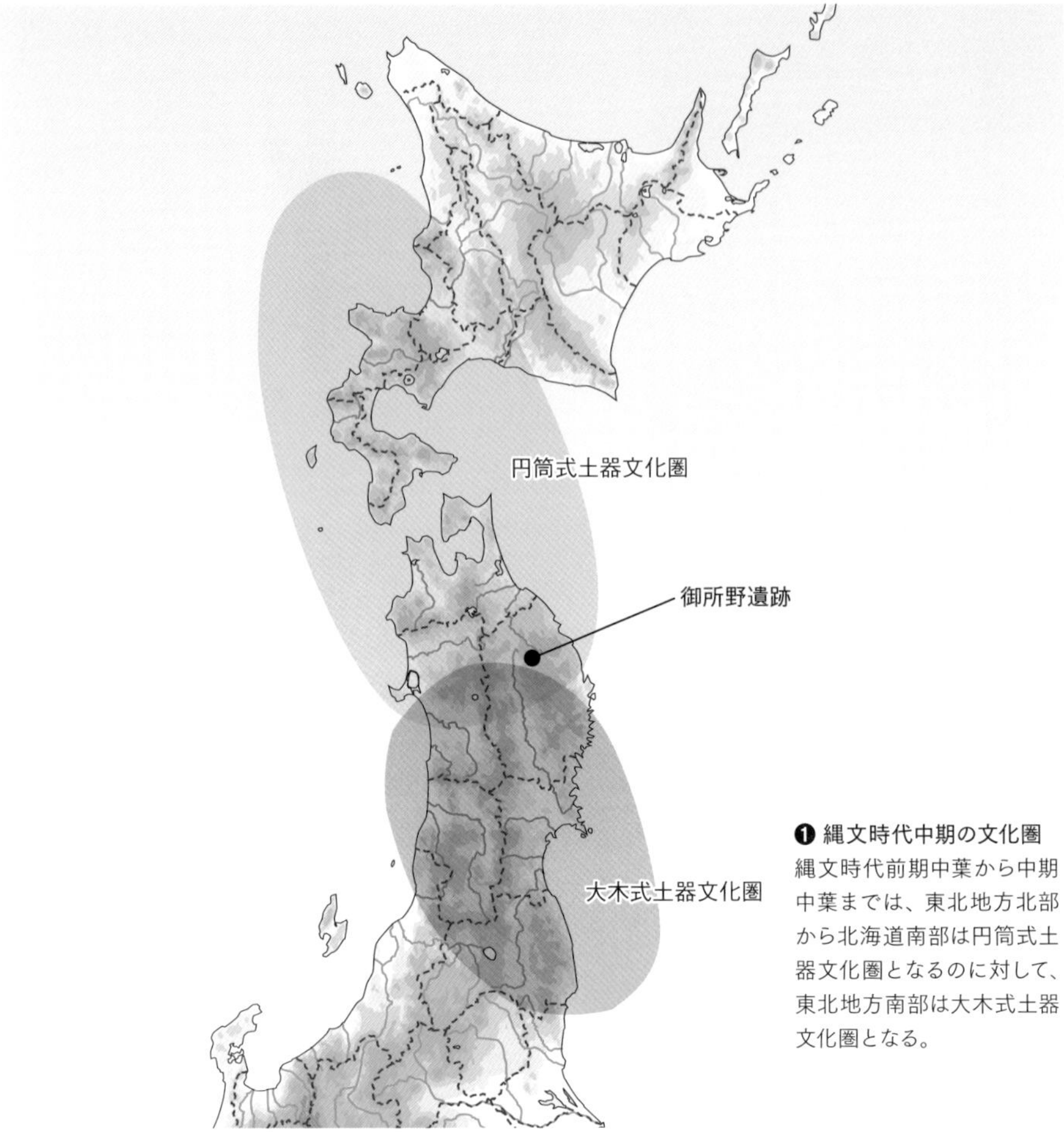

❶ 縄文時代中期の文化圏
縄文時代前期中葉から中期中葉までは、東北地方北部から北海道南部は円筒式土器文化圏となるのに対して、東北地方南部は大木式土器文化圏となる。

❷ 円筒式土器(縄文時代中期)
4つの突起と4区画の文様が特徴。

❸ 大木式土器(縄文時代中期)
縦横の渦巻文様が特徴。

❹ **円筒式土器と大木式土器の折衷型の土器**　4つの突起や口縁部の文様は円筒式土器の特徴であるが、描かれた文様は大木式土器に特徴的な渦巻文様。

❺ **ミニチュア土器**　赤色顔料が入ったり、なかに付着している例もある。

❻ **補修穴のある土器**　対となる孔は紐などを通して綴じる補修のためにあけられた。

❼ **埋設土器**　底部に穿孔のある土器で、竪穴建物の入り口に埋められていた。

04

ムラの暮らし

土器をつくった粘土

御所野台地の東南の崖際で、緩やかな斜面にそって、五、六メートル四方の重複する土坑群がみつかりました。掘り下げたところ、深さ一、二メートル程度の、土を削り取って横に掘り広げていったようなデコボコした穴の跡がみつかりました（→❶❷）。穴の中からは黒色土や黒褐色土、暗褐色土、褐色土などが塊《かたまり》になって混じりあい、穴の底や壁面には白色粘土が貼りついていました。縄文時代各時期の土器とともに土偶が出土したことから、御所野縄文人が何らかの作業をした遺構とわかります。

この穴は、どうやら縄文人が粘土を採掘した跡のようです。この粘土は白色ですが、元は十和田火山から流れてきた「大不動《おおふどう》浮石流《ふせきりゅう》 凝灰岩《ぎょうかいがん》」と呼ばれる火山灰層の白色シルト*で、地下水に浸されて粘土化したものと思われます。縄文人はこの粘土層（→❸）を斜面の下で発見して横方向に掘り進めたのです。

御所野縄文人は、この白色粘土で土器をつくりました。

それを検証するため粘土採掘坑の粘土と御所野遺跡から出土した土器片の成分分析をして比較してみました。御所野遺跡から出土した土器一六点のうち、明らかにこの白色粘土を使っている可能性が高いものが九点、ほぼ同じ粘土であるが混ぜ物がやや異なる

白色シルト　白色の火山灰を含む細砂と粘土の中間ぐらいの粗さの土。

ものが四点、御所野から北西に約三キロ離れた茂谷山《もやのやま》周辺の花崗岩の風化土を使っているものが二点、さらに他から搬入された可能性のあるものが二点という結果が出ました。御所野縄文ムラでは土器の大半を御所野で採取した粘土からつくっていたのです。

ところで御所野遺跡では、この白色粘土が竪穴建物跡などからも出土しています（→❹❺）。竪穴建物の中から三七カ所、土坑から四カ所、掘立柱建物跡の柱穴から七カ所、そのほか遺構の外で一九カ所あり、合計六八カ所でみつかっています。各遺構から出土した粘土の成分を分析したところ、粘土採掘坑の粘土の成分とほぼ同じことがわかりました。

竪穴内からみつかる場合、多くは竪穴建物が廃棄された後に埋められた土に混じっているものが多く、必ずしも貯蔵している状況をあらわしているわけではありません。しかし、意図的に保管していたものがそのまま出土する場合もありますし、なかには土器に入った状態で出土するものもあります（→❻）。

粘土採掘坑のみつかった場所はもともと博物館の体験施設の建設予定地でした。しかし、この遺構は貴重であることから、発掘調査を終えてから予定を変更して全面保存しています。体験施設は少し場所をずらして隣接地に建設しましたが、その基礎工事で粘土層を確認したため、博物館の体験用としてこの粘土を採取しました。

御所野縄文博物館のオープン以来、縄文土器づくり体験に多くの方が参加し、この粘土を用いて七〇〇〇点ほど土器を製作していますが、ひび割れたり、はじけ飛んだりしたものはまったくといってもいいほどありません。それだけ良質な粘土だったのです。

❶ **粘土採掘坑**　粘土層を横に掘っており、採掘した跡は空洞となり、なかに別な土が塊になって埋まっていたことから粘土を採掘した穴と判明した。

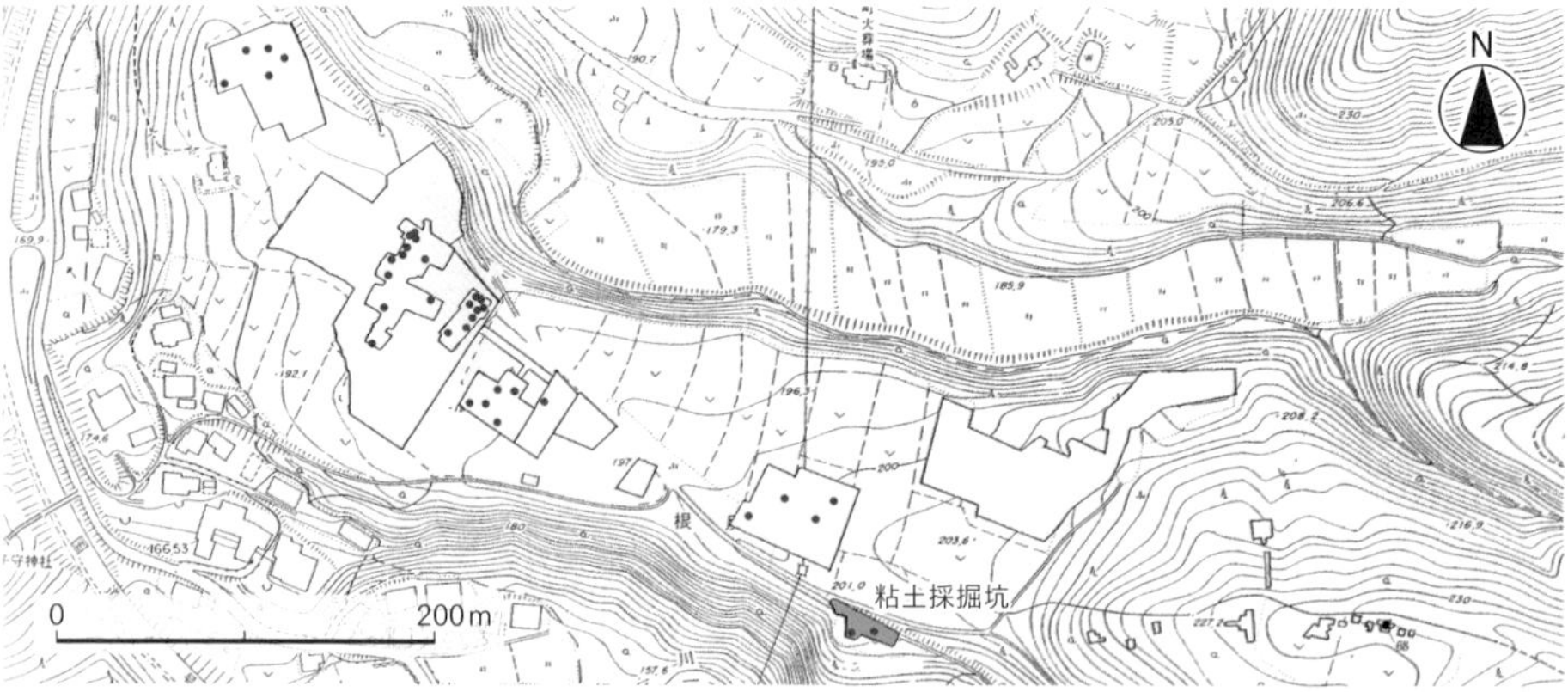

❷ **粘土採掘坑と粘土出土位置**　採掘坑は遺跡南側の緩やかな斜面上にあり、比較的粘土を採取しやすい場所である。

❹ 竪穴建物跡からみつかった粘土
入り口付近に置かれた塊。

❸ 粘土層　粘土採掘坑隣接地の屋外体験施設の建設時に露出した。

❺ 竪穴建物跡の床上に貼り付いていた粘土　入り口とは反対側の奥壁際。

❻ 粘土入りの土器　竪穴建物の中に置かれていた。

05

ムラの暮らし

矢じりづくりと珪化木

御所野遺跡では石器が三五〇〇点ほど出土していますが、その半数近くの一五二一点が石鏃《せきぞく》です。石鏃とは弓矢の矢の先に装着する「矢じり」のことで、御所野縄文ムラでは弓矢を使っておもにイノシシやシカや鳥などの動物をとっていたことがわかります。石鏃の石材を調べると、おもに二種類の石からつくられていることがわかりました（→❶）。

ひとつは「珪質頁岩《けいしつけつがん》」とよばれる石で、たいへん硬く、割ったときに鋭い剝片《はくへん》ができるので、縄文時代に東北地方で広く使われた石です。御所野遺跡出土の石鏃の六〇パーセントほどがこの石でつくられています。

日本海側を中心として東北地方各地に産地があり、御所野遺跡から出土しているものの一部は、白い縞が入っていたり光沢があるなどの特徴がみられることから、秋田県の男鹿半島から米代川《よねしろがわ》流域で産するものではないかと考えられています。原産地で採取できる石材のなかでも良質なものが選ばれて御所野縄文ムラに持ち込まれたようです。

もうひとつの石材は、御所野遺跡のすぐ近くの川で採取できる「珪化木」です（→❷）。珪化木とは、火山の噴火などによって火山灰が水と混じって泥流となり大森林をおおったことで、火山灰のなかの珪酸が長い期間をかけて樹木に浸透して化石化したものです。そのなかの一部が珪質頁岩と同じようにたいへん硬く鋭い刃物になります。出土石鏃の三五〜四〇パーセントを占めています。

御所野遺跡周辺の馬淵川とその支流は古くから珪化木の産地として知られています。とくに遺跡の南側の崖下を流れている根反川は良質な珪化木を産することから国の天然記念物に指定されています。なかでも御所野遺跡から二キロほど上流には直立した大珪化木があり、「根反の大珪化木」として特別天然記念物に指定されています。

さて、御所野遺跡では、廃棄された竪穴建物跡の窪地から完成品の石鏃と一緒に製作時に出る小さな石くずが一緒に出土することから、大きく打ち割った剝片をムラに持ち込んで、ここで製品に仕上げたと思われます。

出土する剝片はいずれも小さく、通常の石鏃よりひとまわり大きい製作途中の石鏃未製品が多く出土することから、御所野縄文ムラでは当初から小型の石器である石鏃に特化して製作していた可能性があります。珪化木も採取地で作りやすいように処理してから持ち込んだのでしょうか、大きな剝片はほとんどありません（→❸）。

ところで、御所野遺跡から出土した石鏃の四〇パーセント近くが欠けていました。なぜこのように欠けた石鏃が多いのでしょうか？

破損した六〇〇点ほどの石鏃の多くに、製作時の破損ではなく、表面や側縁がはがれるといった使用時の衝撃を受けた痕跡がありました。このことは使用後に獲物とともにムラに運ばれ、そこで捨てられたものが数多くあったことを示しています。

1 珪質頁岩製の石鏃(矢につけたときの接着剤アスファルトが残る)

2 珪化木製の石鏃

❶ 御所野遺跡で
出土した石鏃

3 黒曜石製の石鏃

2

1

❷ 根反川の珪化木

1 特別天然記念物「根反の大珪化木」。直径2m、長さ6.4m。

2 河床に横たわる珪化木。残存部で長さ12m。

1 珪化木の原石

2 石鏃をつくるときにでた剥片

3 形を整えるときにできる剥片（ポイントフレイク）

4 大まかな形に整えたもの（石鏃未製品）

5 完成品

❸ 珪化木からの石鏃製作過程

06

ムラの暮らし

縄文人はアスファルトを使っていた

御所野遺跡から出土した矢じりや槍先などの石器に、黒い付着物がみられるものがあります。弓矢や槍の柄に石器を取り付ける「茎《なかご》」とよばれる部分についていることが多く、石器を柄に固定するための接着剤と考えられています（→❶）。

この黒い付着物の成分を分析したところ、アスファルトだということがわかりました。現在、アスファルトというと道路を舗装するのに使われていますが、すでに縄文人が使っていたなんて驚きです。

縄文人が天然アスファルトを使用していた証拠が御所野遺跡から出土しています。それは竪穴建物跡の床面から出土した長さ三六センチ、幅二五センチの、口縁部から胴部にかけての部分と考えられる土器片です（→❸）。

内面には緩くカーブした中央部に溶けたアスファルトが付着し、ヘラのようなもので掻《か》き取った痕跡が残っていました。土器の外面の中央は火を受けて赤褐色となり、その周辺は煤《すす》が付着したからか黒ずんでいました。アスファルトの塊を土器の上にのせて下から火であぶり溶かして利用したのでしょう。壊れた石器や欠けた土偶などの接着にも使われていきます（→❷）。

このアスファルトはどこから運び込まれたのでしょうか？日本列島の新潟県南部から東北地方の日本海側、また北海道の渡島半島から石狩低地、さらに宗谷丘陵には油田地帯が分布しています。油田地帯では石油とともに天然アスファルトが産出します。御所野遺跡のアスファルトは、秋田県の日本海側から米代川などを経て運ばれたと考えられています（→09参照）。

御所野遺跡では出土した石鏃の約一〇パーセントにアスファルトが付着していました。またアスファルトの塊が合計八点出土しています。御所野遺跡のように縄文時代中期の集落遺跡からは、アスファルトの塊や土器の内面にアスファルトが付着した土器がみつかっている例があります。集落の中でアスファルトを利用・保管していたことを示す資料です。

北海道道南から東北地方一円の遺跡からアスファルトは出土しており、東北地方はアスファルトをもっとも利用した地域だったようです。とくに青森・秋田・岩手の北東北三県の遺跡が多く、各県とも二〇〇カ所以上の遺跡から、合計四〇〇〇点前後のアスファルトが出土しています。

アスファルトは加熱すると異臭とともに油煙が立ち上がります。このような異臭と油煙を縄文人はどのように感じていたのでしょうか？　なかには漆と混ぜて黒い顔料としたり、死者とともに墓に副葬されたりします。縄文人は、接着するという実用的なこととともに、異臭を放ち油煙を立てるアスファルトに何らかの魔力を感じていたのかもしれません。

❶ 鏃の矢柄(やがら)への固定(想定復元)

打ち欠かれた頭部と下半身

胴部下に残るアスファルト

❷ 土偶の破損と接着(一戸町椛ノ木遺跡出土)　儀式として頭部と下半身を打ち欠いた後に、アスファルトで接合したものと思われる。

❸ アスファルトの塊(左) とアスファルトを溶かした土器(右)

POST CARD

恐れいりますが
切手をお貼り
ください

113-0033

東京都文京区本郷
2-5-12
新泉社

読者カード係 行

ふりがな		年齢	歳
お名前		性別	女 ・ 男
		職業	
ご住所	〒 都道府県 区市郡		
お電話番号	– –		

◉アンケートにご協力ください

・ご購入書籍名

・本書を何でお知りになりましたか

□書　店　　□知人からの紹介　　□その他（　　　　　　　　　　　　　）

□広告・書評（新聞・雑誌名：　　　　　　　　　　　　　　　　　　　）

・本書のご購入先　　□書　店　　□インターネット　　□その他

（書店名等：　　　　　　　　　　　　　　　　　　　　　　　　　　　）

・本書の感想をお聞かせください

＊ご協力ありがとうございました。このカードの情報は出版企画の参考資料、また小社からの新刊案内等の目的以外には一切使用いたしません。

◉ご注文書（小社より直送する場合は送料１回 290 円がかかります）

書　名	冊　数

1 崖から滲みだしたアスファルトを掻き取る。

2 掻き取った原料を干す。

3 炉に据えた土器を加熱して原料を溶かす。

4 溶けたアスファルトを土器に分ける。

❹ 縄文時代のアスファルト精製工程の復元(秋田県烏野上岱遺跡の事例を参考とした)　イラスト:大沼実恵

❺ アスファルトの入った土器(一戸町仁昌寺遺跡)

07

ムラの暮らし

植物利用の姿がみえてきた

日本列島の土壌では植物質は分解して残りにくく、縄文人が植物をどのように利用したのかは、いままでよくわかりませんでした。ところが近年、小さな植物の実や花粉を取り出すことができたり、当時の気候が復元されたりして、植物利用の姿が少しずつみえてきました。御所野遺跡からはクリ、クルミ、トチノキなどの実が出土しています。いずれも燃やして炭化したことで腐食せず残ったものです。なぜ燃やしたのかは、なんらかの儀式にかかわると考えられますが、その点は17で取り上げるとして、この三つの木の実が、御所野縄文ムラの主要な食糧だったと思われます（→❶〜❺）。

さて、クリとクルミの実は御所野縄文ムラのはじまりからあったようですが、トチノキは御所野遺跡のⅢ期（四八〇〇年前ごろ）から利用の割合が増えてきます。日本列島は縄文時代中期の後半から少しずつ寒冷化がはじまって、中期末から後期にかけて寒くなったといわれています。寒冷化とともに寒さに強いトチノキの生育が増え、割合が高くなったのでしょうか。

ただし、トチノキの実はアクが強いため、そのままでは食用にできず、アク抜きの工程*が必要になります。アク抜きの工程で必要なのは灰です。もともと灰は竪穴建物内で

*トチノキの実のアク抜き　実を煮沸した後に灰汁につけ込んでアクを取り除く。

毎日のように薪を燃やして出るので、当然それを利用したと思われます。そうした際に、灰を外に出したり、薪を入れたりするのに使いやすいように、入り口近くに炉をつくり、灰を掻き出しやすいように入り口と炉の間を掘って低くしたと考えられます。

一方、焼けた竪穴建物跡の木材を調べると、竪穴建物の柱などの木材は圧倒的にクリが多く、建築材としてクリを多様していたことが明らかになっています。

土器に残る種子や敷物の圧痕の調査*からも（→❻❼）、植物利用の様子が明らかになってきました。御所野遺跡と隣接する馬場平遺跡から出土した縄文土器片八四二点を調査したところ、ニワトコやガマズミといった種子の圧痕がみつかっています（→❻）。

ニワトコは七月ごろに実が赤く熟しますが、なかでもエゾニワトコは実が大きく、縄文時代の遺跡から搾《しぼ》られたと考えられるかすが大量に出土しています。

また土器の底には、製作時に下に敷いていた編み物や植物の葉の圧痕が残っていることがあります。御所野遺跡から出土した土器底の編み物痕を調べると、編み物の素材は割り裂き材がほとんどで、編み方は一般的な「ござ目*」ですが、圧痕をよく観察したところ、特有の段差をもつスズタケの節にきわめて近いことが確認されました（→❼）。

スズタケ（→❽）は一戸町の伝統工芸「鳥越の竹細工」（→❾）の素材でもあります。東北地方北部ではよく知られた伝統工芸で、手カゴ、豆腐カゴなどのカゴ類のほか、ザル類、ツボケ、ビク、弁当箱、文庫、美濃、通し、行李などの日常の生活用品を中心とした竹細工です。伝承では一二〇〇年以上の歴史をもつといわれていますが、四〇〇〇年以上前に同じ素材が使われていたことになります。

種子の圧痕の調査　土器の中に残っていた種子などの痕跡にシリコンを流し込んで型取りし同定する方法。レプリカ法とも呼ばれる。

ござ目　太めの材料を縦に、細めの材料を横に編む技法。

❸ トチノキの実

❹ クルミの実

❺ クリの実

❶ トチノキの林

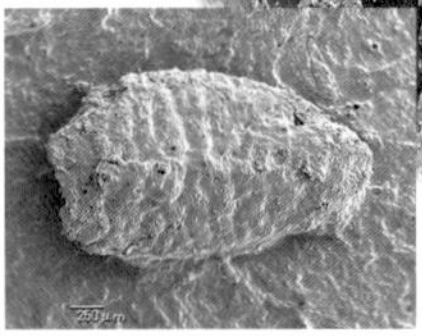

2 採取した圧痕の電子顕微鏡画像

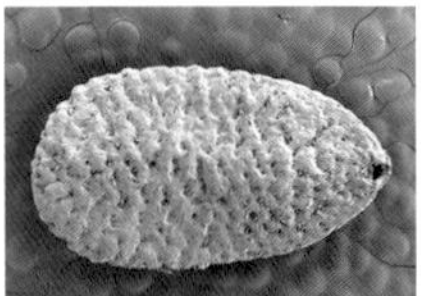

3 現生するニワトコ種子の電子顕微鏡画像

1 圧痕がついていた土器

❻ 土器に残っていたニワトコ種子圧痕

❾ 鳥越の竹細工　ざるやかごなど50種類以上の生活用品がある。

❽ スズタケの採取
鳥越の竹細工のほとんどはスズタケでつくられる。

❷ クリの林

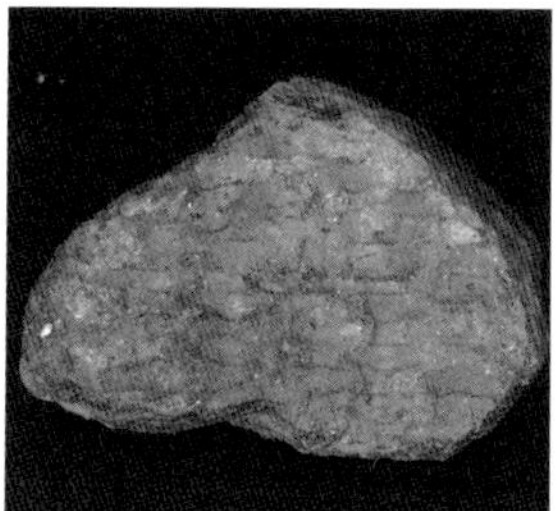

❼－1 土器の底部に残る編み物圧痕

❼－2 圧痕のレプリカ法で1を再現

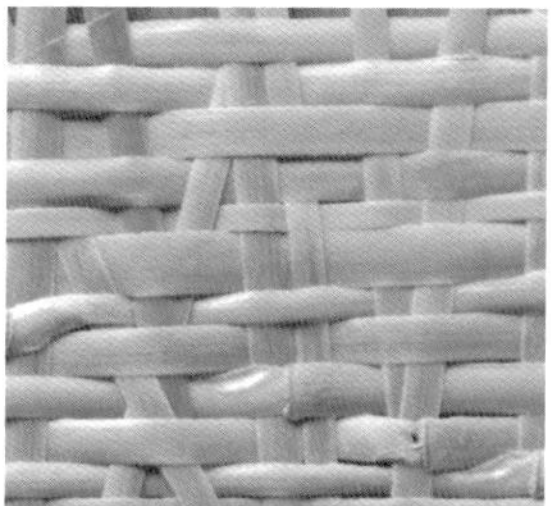

❼－3 スズタケを使った復元品

08

ムラの暮らし

土屋根の住居

縄文時代の建物として茅葺き屋根の竪穴建物が各地の遺跡公園で復元されていますが、本当にそのような建物だったのでしょうか。

発掘調査では建物の痕跡がみつかるだけで、建物本体がみつかることはないため、どんな上屋だったかはっきりとはわかりません。しかし、御所野遺跡では、焼けた建物の部材が炭化して朽ちずに残っている竪穴建物跡がみつかりました。

その竪穴建物跡をくわしく調査してみると、当時の建物は、竪穴を掘った際に出る土を屋根に載せていることがわかったのです。いわゆる「土屋根竪穴」だったのです。

そのことを確認したのは、ある大型の竪穴建物と中型の竪穴建物の調査でした。

中型の竪穴建物は直径が四メートルあまりで、床面積が一四平方メートル（四・二坪）という一般的な竪穴よりやや小さめのものです（→❶）。南側の壁が直線的なほかは中央部がやや膨らんだ楕円形となっています。発掘した際の竪穴の深さは三〇センチ以下でしたが、これは後世に土が流れたため浅くなったようで、実際はその倍以上の深さだったようです。直線的な南壁が入り口で、なかに入るとすぐ二〇センチ程度の掘り込みがあり、その先に石囲炉があります。柱穴は六本あり、炉の両側に三本ずつならんでいますが、炉の西側ではやや小型の柱穴が二個並列しており、あるいは二本で柱一本の役割を果たしていたのかもしれません。

発掘調査の後、土屋根だったことを検証するために、実験的に竪穴建物を復元してみました（→❷〜❹）。屋根の上の棟を支える材を求心的に配列した後、垂木《たるき》を横に渡して固定し、その上に樹皮を縦に敷きました。さらに樹皮の上には小枝を束にして下地として、その上に、厚さ一〇センチほど土をかぶせました。屋根にのせた土は崩れることもなく安定していました。これは発掘調査で土屋根の勾配は三五度程度であったろうと確認していましたから、そのように復元したためです。

竪穴建物のなかは、平地建物や高床建物と比較すると、土でおおわれた密閉空間となるため湿度はかなり高くなります。それでも夏は外よりは過ごしやすく、現代であれば五月の連休ごろから一〇月までは快適な空間となります。

冬は夏より湿度が低くなり室内も乾燥するため、外気とほぼ同じくらいに気温に下がりますが、密閉状態のため炉で火を燃やすことで室内全体が一気に温かくなります。

問題は煙です。当初、屋根全体に土を載せて密閉状態にしたこともあり、竪穴内に煙が充満し、なかにいられなくなりました。そこでつぎに、できるだけ煙を外に出すように、屋根の中心部や入り口の上に窓を設けたり、屋根を広げてより開放的にしました。

また乗せた土の量を再計算したところ、屋根全体をおおうには不足していることがわかりました。そこで、屋根の上の方に土をのせなかったところ、煙が抜けて住みやすい環境になりました。

❶ 中型竪穴建物跡の調査　中央の大きな穴は重複する掘立柱建物跡の柱穴とフラスコ状土坑で、炉跡の一部が壊されている。

❷ 竪穴の掘削　想定復元した縄文時代の道具を使って、❶の竪穴を忠実に再現するよう掘り下げ、発掘調査の結果にもとづいて柱を立てる。

❸ 屋根づくり　梁・桁をのせてから合掌形に材を組み、屋根の骨組みをつくる。

❹ **土屋根の建物の完成**　屋根の骨組みができたら樹皮を敷いてから下地をのせ、その上に掘削した土をかぶせる。最後に土を叩き締めて土屋根竪穴が完成する。

列島各地との交流

御所野遺跡からは、遠くから運び込まれたと考えられるものがいくつか出土しています（→❶）。

05でみたように、御所野遺跡からは大量の石鏃が出土していますが、その六割が珪質頁岩でつくられています。珪質頁岩は、秋田県の米代川中流域から男鹿半島地域で多く産出します（→❼）。とくに三種町《みたねちょう》の小又川《こまたがわ》周辺には膨大な原石が埋蔵されていて、御所野遺跡から出土した珪質頁岩の一部はここの原石に酷似しているといわれています。

また、黒曜石製石器が二二点出土しています。このうち一〇点が肉眼観察で男鹿産と考えられ、そのほか五点を成分分析したところ、青森県の深浦《ふかうら》産が一点、岩木山系が二点、秋田県の男鹿産が二点で、いずれも日本海側の産地とわかりました（→❽）。

06で紹介したアスファルトも秋田県の二ツ井駒形や昭和豊川といった規模の大きい産地のものを利用していたと考えられています（→❸）。原産地に近い秋田県の米代川流域の遺跡からは、アスファルトを精製したと考えられる竪穴建物跡も発掘調査されていることから、原産地で採取されたアスファルトは精製された後、米代川の上流域をさかのぼり、奥羽山脈の峠を越えて安比川《あっぴがわ》や馬淵川沿いに御所野遺跡に運ばれたり、さらに太平洋側沿岸のムラへ運ばれたと思われます（→❷）。

さらに、樹木の伐採に使われた石斧のなかには、北海道日高地方のアオトラ石でつくられたものが出土しています。アオトラ石は木材の伐採に適した硬さと粘りをもつ石で、北海道の南部から東北地方北部を中心に流通しています。

装飾品のヒスイは二点出土しています。一点は縄文時代中期後半から末葉にかけての土器とともに出土しています。大きな玉を打ち欠いて加工しています。もう一点は竪穴建物跡内の埋土から同じく中期後葉の土器とともに出土しています。やや小型の珠の破片です。ヒスイは東日本では新潟県西部の糸魚川市から富山・長野県北部などで産出しますが、糸魚川市の姫川《ひめかわ》産のものではないかと考えられています（→❻）。

珠として加工していないので装飾品ではないですが、コハクも出土しています。コハクは樹木の樹脂が土の中で化石化したもので、赤褐色の石です。御所野遺跡ではいずれも砕けた状態で出土しています。もともと樹脂なので、火をつけると燃えて独特のにおいを出すことから、平安時代以降、お香として匂い消しに使われたともいわれ、御所野縄文ムラでもそのような使い方が想定できます。コハクの産地としては、同じ岩手県の久慈市が知られています（→❺）。産地同定の分析はおこなわれていませんが、コハクが出土する遺跡は、青森県の東部から岩手県北部、中央部にかけて多いことから、久慈産であろうと考えられています。

このように、御所野遺跡では、生活のさまざまな物資が遠くから運び込まれ、人びとが行き交ったことを示す資料が多くみつかっています。

❶ **列島各地から御所野縄文ムラにもたらされた品々**　石斧の材料であるアオトラ石は北海道の日高地方から、同じく石材である黒曜石は青森県の深浦や秋田県の男鹿地方から、また珪質頁岩とアスファルトは秋田県の日本海側から、ヒスイは新潟県の糸魚川市の姫川から、コハクは岩手県の久慈市からもたらされた。

❸ **凝灰岩層の割れ目から染み出ている天然アスファルト**　二ツ井駒形（秋田県能代市）原産地にて。

❷ **アスファルト産地とアスファルト関連遺物の出土した遺跡分布**　秋田県側から川筋を通って運ばれたことがわかる（アスファルト研究会2017）。

❹ **天然アスファルト**　岩の割れ目や砂などに浸み込んでいる自然のアスファルトで、なかには天然石油が岩などの割れ目で変化してアスファルトになるものもある。

❻ **ヒスイ原産地（新潟県糸魚川市）**　姫川の支流小滝川の河床にはヒスイの原石がゴロゴロしている。

❺ **コハク原産地（岩手県久慈市）**　久慈市周辺は国内で唯一良質のコハクを産する場所として知られている。写真は切通しに残るコハクを削岩機で採掘した現代の穴。

❽ **黒曜石原産地（秋田県男鹿市）**　男鹿半島の金ケ崎。海岸で黒曜石を採取することができる。

❼ **珪質頁岩原産地（秋田県三種町）**　写真左手の茶色い部分、小又川によって開析された谷間の河岸段丘上に採掘現場がならぶ。

10 ムラのはじまり

御所野に人が住みはじめたのは、いまから五〇〇〇年前、縄文時代中期前葉のことです。そのころつくられた土器が出土し、竪穴建物跡が数棟みつかっています。

御所野遺跡ではその後も同じ場所でくり返し竪穴建物が建てられたため、それらの古い建物跡は壊されたものもあり、最初のころのムラの様子はよくわかっていません。そこで御所野遺跡の西側の崖下にある馬場平遺跡から、そのころのムラの様子をのぞいてみましょう。

馬場平遺跡では三二〇〇平方メートルを発掘し、竪穴建物跡を三七棟調査しました(→❶)。すると、建物の配置に特徴があることがわかりました。

建物群の中央に長軸一二〜一五メートルの大型竪穴があり、そのまわりに長軸五〜六メートルの中型竪穴、長軸二〜三メートルの小型竪穴が分布しています。出土した土器や各遺構の新旧をくわしく調査したところ、大型竪穴一棟に対して、中型竪穴が二〜三棟、小型竪穴が二〜三棟という組み合わせでつくられていることがわかりました(→❷)。

真ん中にある大型竪穴は、同じ場所で四棟が重複していました。その新旧を確認したところ、古い竪穴の二分の一を利用して方角を九〇度変えてほぼ同じ規模で建て替えたり、古い建物に隣接して新たに建てたりしており、大型竪穴建物がムラの中心となる重要な施設だったことがわかります。

中型竪穴の中には、特別な施設がつくられているものがあります。入り口付近や入り口と反対の奥壁際に、土を高く盛り上げたり、逆に皿状に掘り込んだりしています。このような施設のなかには、下に円形の土坑があり、なかから逆さに埋められた大型の土器がみつかることもありました。この土器の底は打ち欠かれていました。

このような施設は竪穴の壁の一部が丸く外に張り出したところにつくられているものもあります。外側に張り出した施設は中型竪穴だけでなく小型竪穴にもあります。このような施設は屋内につくられた祭祀的な施設と考えられます。

御所野遺跡でも、台地の東と西さらに中央部の南側の東西に長い微高地で、大型竪穴建物と中型竪穴建物、小型竪穴建物の分布を確認しています（→❸）。とくに大型竪穴建物（→❹）は東と西、さらに中央部のいずれでも確認していることから、御所野遺跡でも馬場平遺跡と同じように、大型竪穴建物を中心として、その周囲に中型竪穴と小型竪穴が分布するムラだったことがわかります。

さて、この大型竪穴建物を中心とした竪穴建物のまとまりを一つの集団の共通の施設と考えれば、そのまとまりは馬場平遺跡から御所野遺跡の東・西・中央と、少なくとも四カ所あったことになります。御所野遺跡には馬場平遺跡とほぼ同じ時期の大型竪穴もあることから、ある時期には重複し、しだいに馬場平遺跡から御所野遺跡へとムラが移っていったと思われます。

❶ 馬場平遺跡(北から撮影)　北から南にのびる集落跡で、左手はそのまま段丘崖となって御所野遺跡へと連続している。

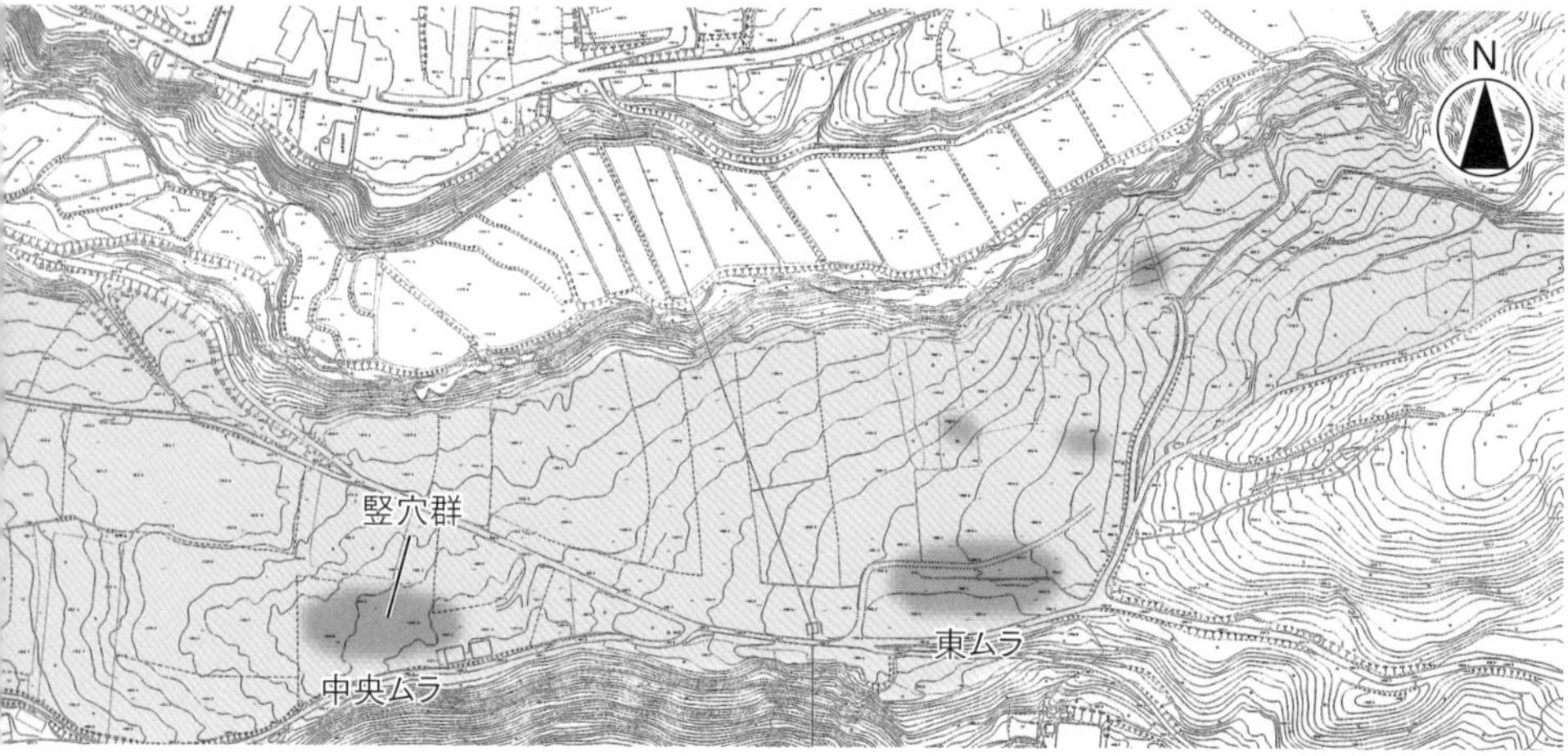

❸ はじまりのムラ(II期)　西、中央、東にそれぞれ大型竪穴建物跡とともに中・小竪穴建物跡もいくつか確認しており、馬場平遺跡と同じような竪穴建物群がそれぞれ分布していた可能性が高い。

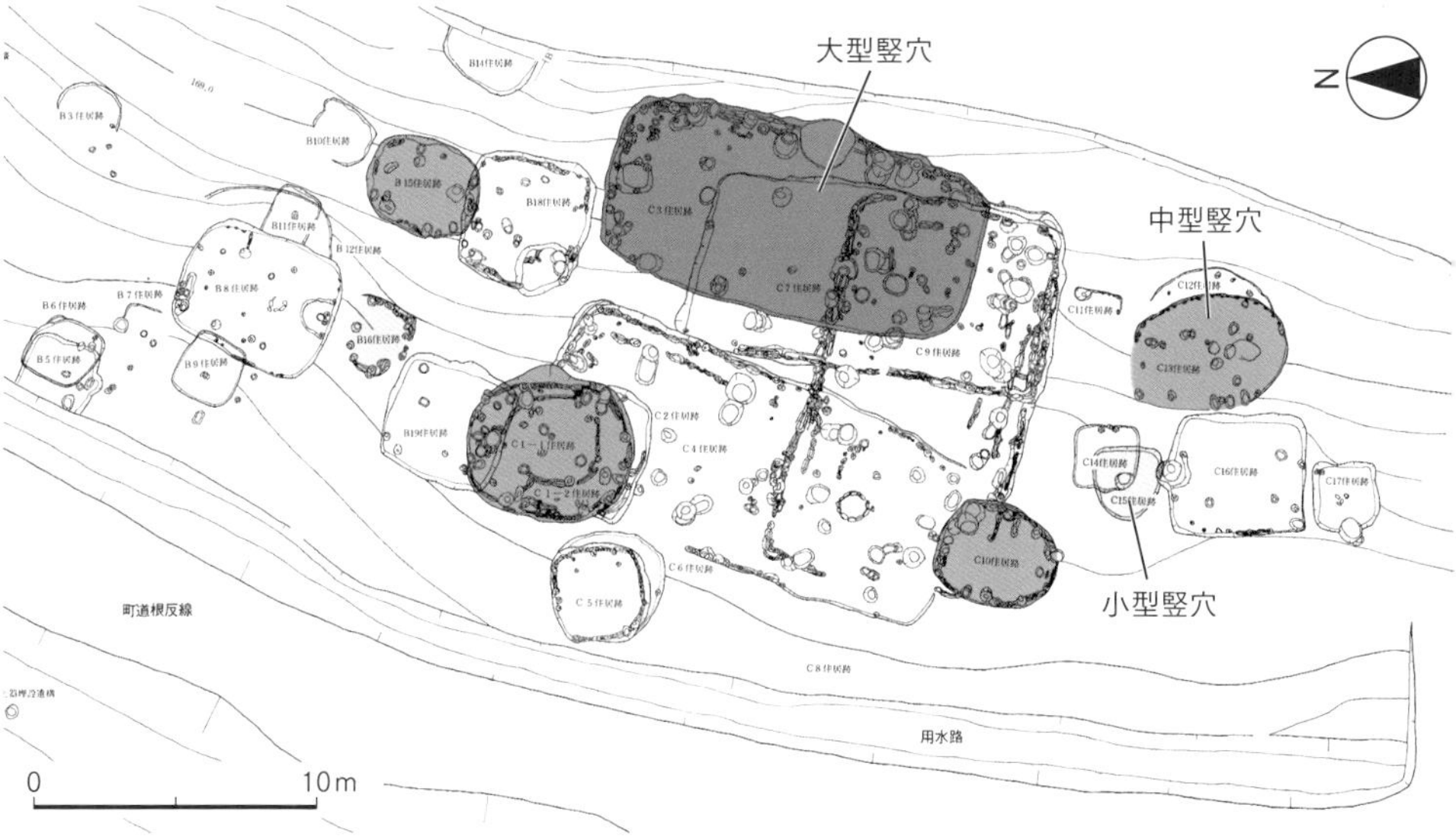

❷ 馬場平遺跡のムラ　同時期に中央の大型竪穴建物を中心として、南北にそれぞれ中型建物が2棟ずつ、小型建物が1棟ずつある。

❹ 御所野遺跡の西ムラの大型竪穴建物跡

11

ムラの移り変わり

中央に環状集落が

いまから四八〇〇年前、縄文時代中期中葉になると、ムラは大きく変わります。ムラの中央に墓がつくられ、そのまわりに竪穴建物や貯蔵穴などが分布する環状集落となります(→❸)。くわしくみてみましょう。

ムラの中央部の北側、東西四〇～六〇メートル、南北三〇～四〇メートルの範囲で、土を大きく削りとり、その土を南側に高く盛っていることがわかりました。土が高く盛られた場所は、「盛土遺構」とよんでいます(→❶)。

北側の削平した場所では、真ん中の東西二五メートル、南北一五メートルの範囲は遺構のない空白地で、そのまわりに墓坑群が環状にまわり、さらにその外側に竪穴建物跡や貯蔵穴が重複しながら分布しています。大がかりな土木工事は、墓を中心とした集落を構築するための工事だったことがわかります。

重複する竪穴建物跡は、墓の外側の東側と西側に集中しており、一部北側でも確認していますが、大型竪穴とともに中・小型竪穴があり、同じ場所で何回も建て替えられています。貯蔵穴と考えられるフラスコ形土坑は一～三メートルまで大小あり、おもに中央部から西側で各竪穴建物と重複したり、あるいはそのまわりにつくられています(→

❷）。

やがて竪穴建物は南側の盛土遺構の上にも構築されるようになり、ほぼ同じ時期の竪穴がいくつも重複しています。この段階で、墓を中心としてその周囲に竪穴建物跡や土坑などが分布する環状集落が形成されます。一方、御所野の東側や西側には、竪穴建物などの施設がまったくなくなります。

なぜこのような環状集落に大きく変わったのでしょうか？

この時期からは、出土する土器も大きく変わります。それまでつくられた円筒式土器にかわって、南の大木式土器の影響を受けた土器が盛んにつくられるようになります。それとともに祈りやまつりの道具の種類や数も増えます。円筒式土器文化の衰退にともない、より大木式土器文化圏の影響が強まったのです。環状集落は大木式土器文化圏のムラのかたちであり、ムラの大きな変化はこのような大木式土器文化圏からの影響によるものと考えられます。もしかすると大がかりな人の移動があったのかもしれません。

ところが、さらに四七〇〇年前ごろになると、中央部に集中していたムラがふたたび変化します。円筒式土器文化の時期と同じく、大型竪穴を中心として東や西に竪穴建物が分布するようになります（→❹）。大木式土器文化の影響で変わったムラが、ふたたび伝統的なムラづくりに戻ったかのようです。

このようなムラの移り変わりの中で、竪穴建物の形は、円筒土器文化圏でみられる方形から大木式土器文化圏の影響を受けて、円形基調に変わります。つまり、楕円形から卵形、さらに円形へと変化していきます。

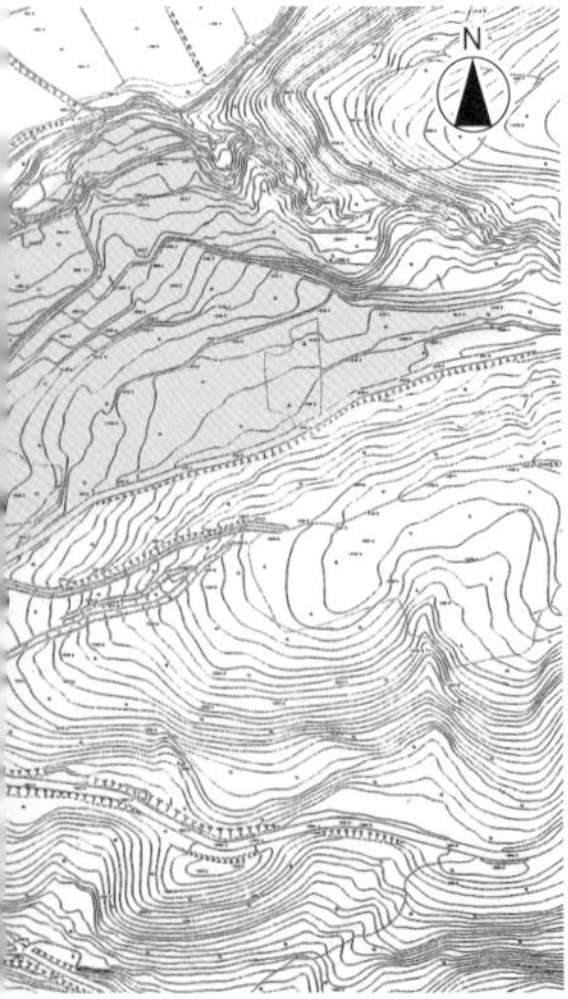

❶ 盛土遺構　手前が中央部にある配石遺構で、その向こう（南側）が盛り上がっているのがわかる。

❷ 土坑群　中央北側の削平地に掘られた土坑群で、小判形のものが多く、同じところでいくつか重複し、径2～3mの範囲にまとまっている。

❺ Ⅳ期の大型竪穴建物跡　Ⅱ期よりも小さくなっている。

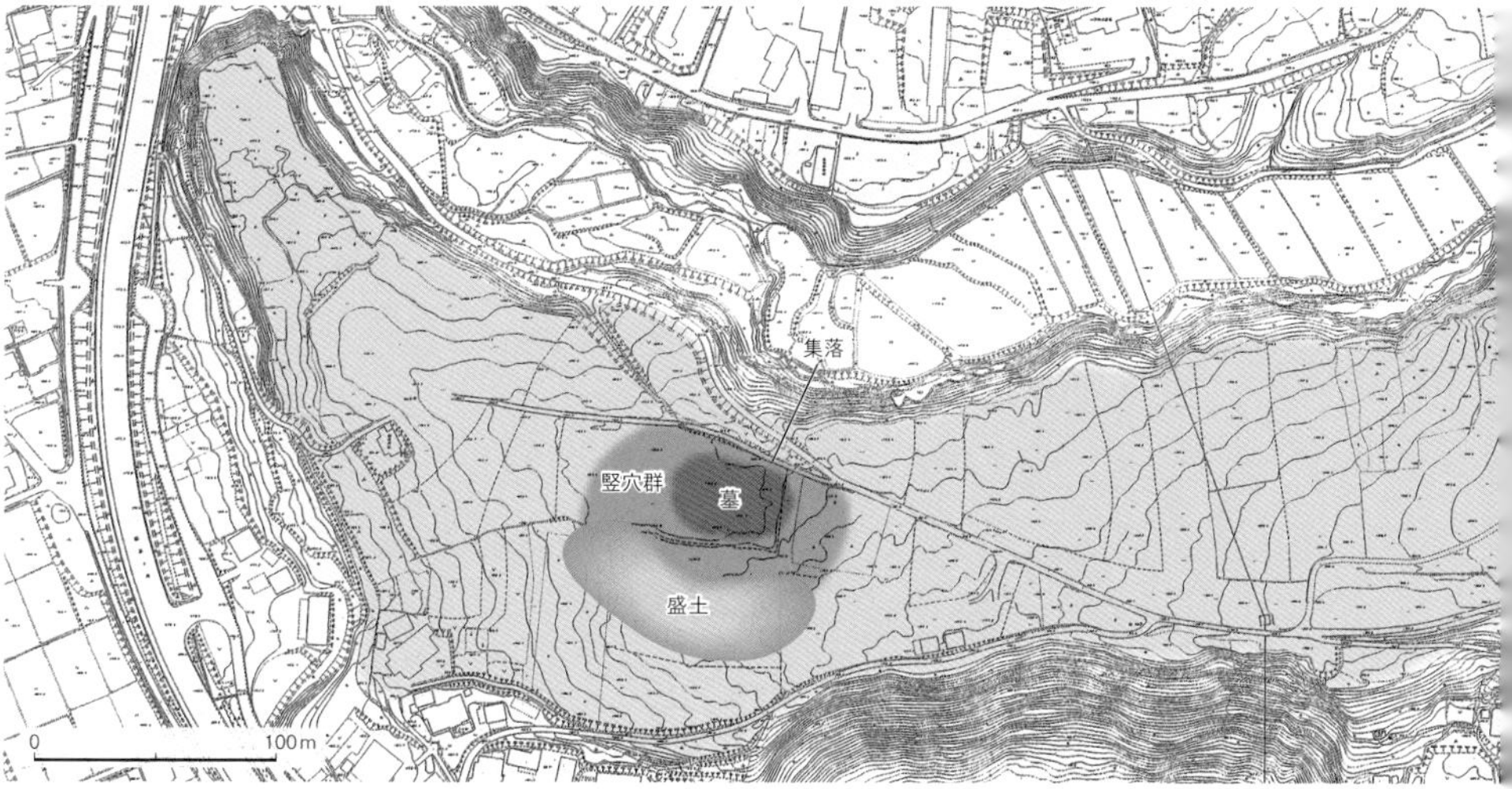

❸ 環状のムラへ（Ⅲ期） 台地中央部に墓を中心として、まわりに竪穴建物がある環状集落になる。

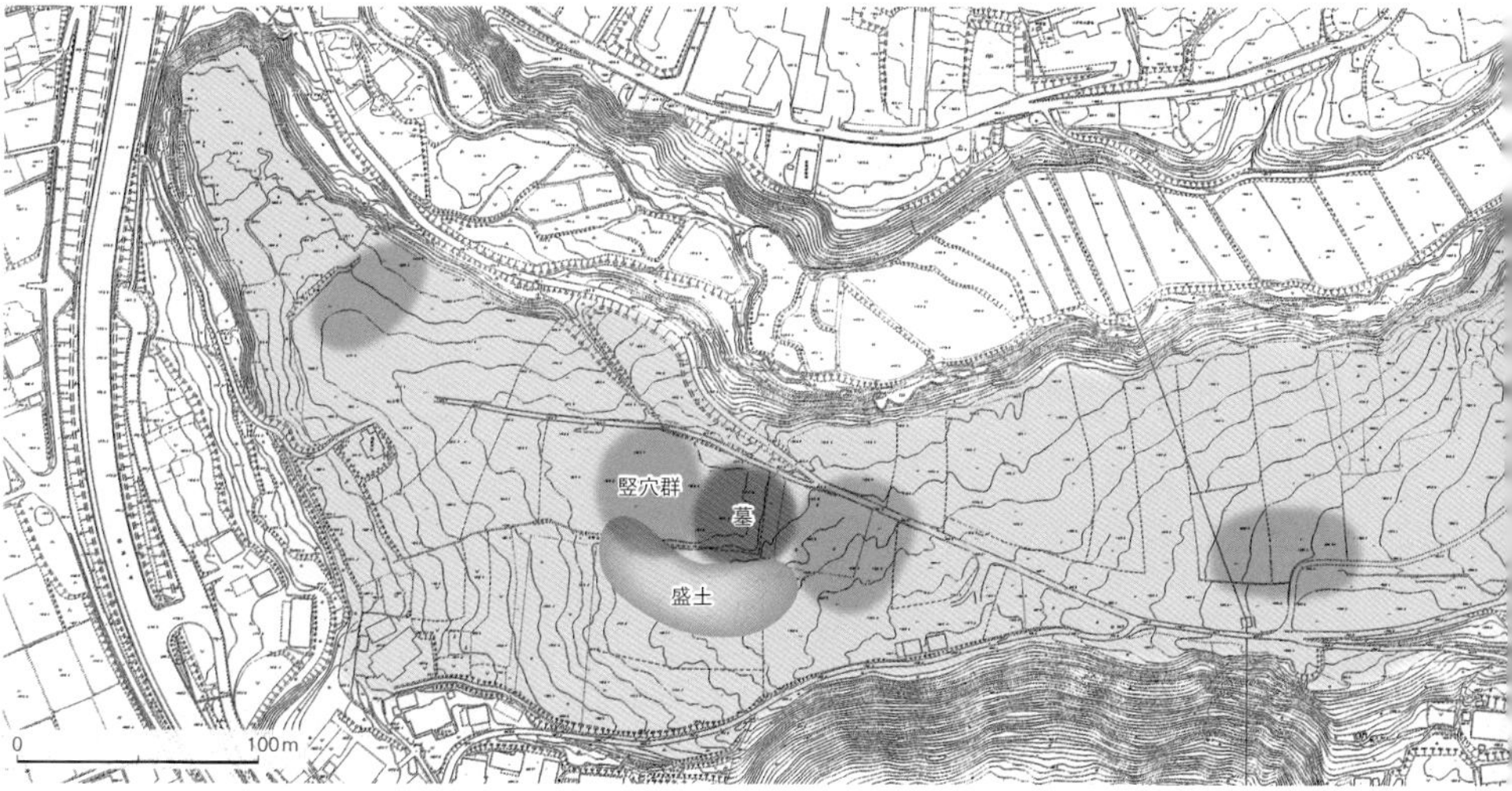

❹ 墓とまつりの場を中心として東西に広がるムラ（Ⅳ期） Ⅲ期と同じく中央北の墓と盛土遺構を中心にムラがあるが、かつて居住地となっていた東、西にも竪穴建物などの施設が構築される。

12

ムラの移り変わり

祈りとまつりのムラへ

四五〇〇年前、縄文時代中期末葉になると、御所野縄文ムラは大きく変わります。竪穴建物群の中心施設であった大型竪穴建物の規模が小さくなるとともに、竪穴建物群の数も減少します（→❹）。直径一二メートル以上あった大型竪穴建物が直径六～八メートルまで縮小し、竪穴建物の数も六～八棟から三～四棟に減少します。大型竪穴建物と中・小竪穴建物の床面積の合計もおおよそ三〇〇平方メートル規模から一五〇平方メートル規模へと半減します。

住む人が少なくなってしまったのでしょうか？　ムラが衰退したのでしょうか？　じつはこの時期、御所野遺跡から周辺の約二キロの範囲にムラが分散していったのです。御所野遺跡から北に一キロ離れた田中遺跡群には大型竪穴建物と中・小竪穴建物のまとまりが六～七カ所あり、北に二キロ離れた上野Ⅰ遺跡に一カ所、南に二〇〇メートル離れた子守遺跡にも一カ所あります。馬淵川をはさんだ西側の大平遺跡でも、この時期の竪穴群を四～五カ所で確認しています（→❶）。

いずれも規模が小さく遺構ごとの重複もあまりないことから、短期の居住と考えられます（→❷）。そのなかで田中Ⅶ遺跡だけは、遺跡のなかの二カ所に同じ時期の遺構が密集し、しかも数回建て替えられており、やや長期に集落が継続したと考えられます。以上のムラは、いずれも数棟の竪穴建物跡と土坑だけの小規模なムラで、墓はまったくありません。つまり御所野遺跡にあった居住地が分散し、墓地はそのまま御所野にあったと考えられます。

そのことを裏づけるのが御所野縄文ムラの中央部に出現した「配石遺構」です(→❸)。詳細は13で説明しますが、対応する掘立柱建物跡内から出土した炭化種実の年代測定などから、居住地が分散した時期から配石遺構がつくられたのです。住居が墓域から離れることで、石を使った墓標が新たに必要になったものと思われます。

では、なぜ居住地が分散したのでしょうか。それはまだよくわかりませんが、それぞれのムラは御所野縄文ムラと深い関係にあったことがわかってきています。

縄文時代中期中葉、御所野遺跡で大型竪穴を中心とした七～八棟の竪穴群が分布する時期には、二六〇〇〇平方メートルという広い田中Ⅶ遺跡で竪穴建物跡が一棟、また三二〇〇〇平方メートルの大平遺跡でも一時期に一棟しかありません。

この広大な土地は、たとえば竪穴建物を構築するための建築材を伐採したり、あるいは食糧となる堅果類を育てて採取するいうようなことをおこなう場所と考えたらどうでしょうか。それを管理するための施設が田中Ⅶ遺跡、大平遺跡にある単独の竪穴建物だったのかもしれません。

そのように考えると、約二キロの範囲のムラは、御所野縄文ムラの人たちが絶えず手を加えて利用していた里山だったと考えることもできます。

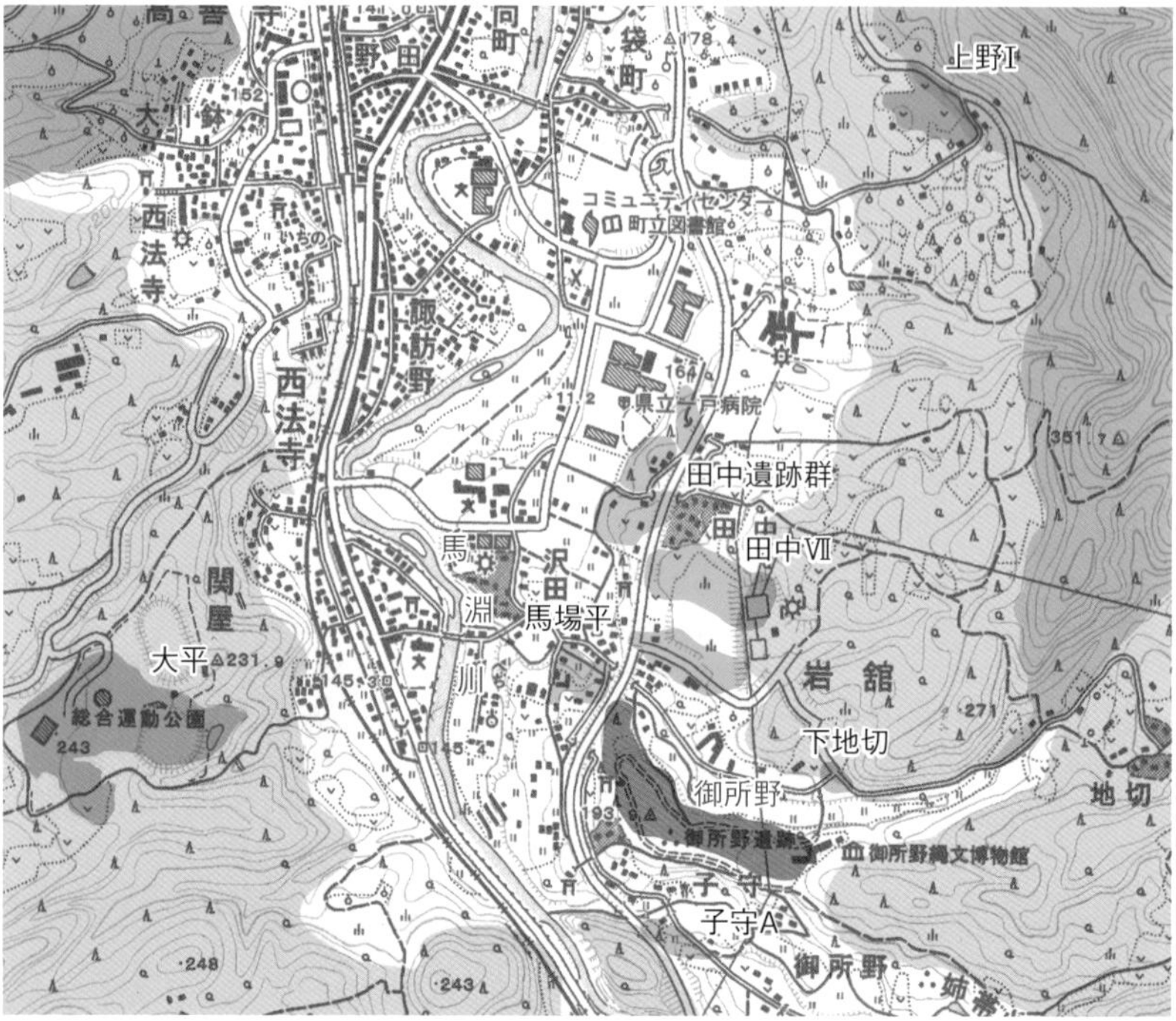

❶ 御所野周辺のムラ　御所野の周辺に新たにムラがつくられる。北側が田中遺跡群、南には子守遺跡、馬淵川を越えた対岸の大平遺跡などで、径2kmの範囲に集中している。

❷ 大平遺跡　広い範囲に竪穴建物跡がまばらで、一時期に数棟しかない。

❸ 配石遺構と掘立柱建物跡

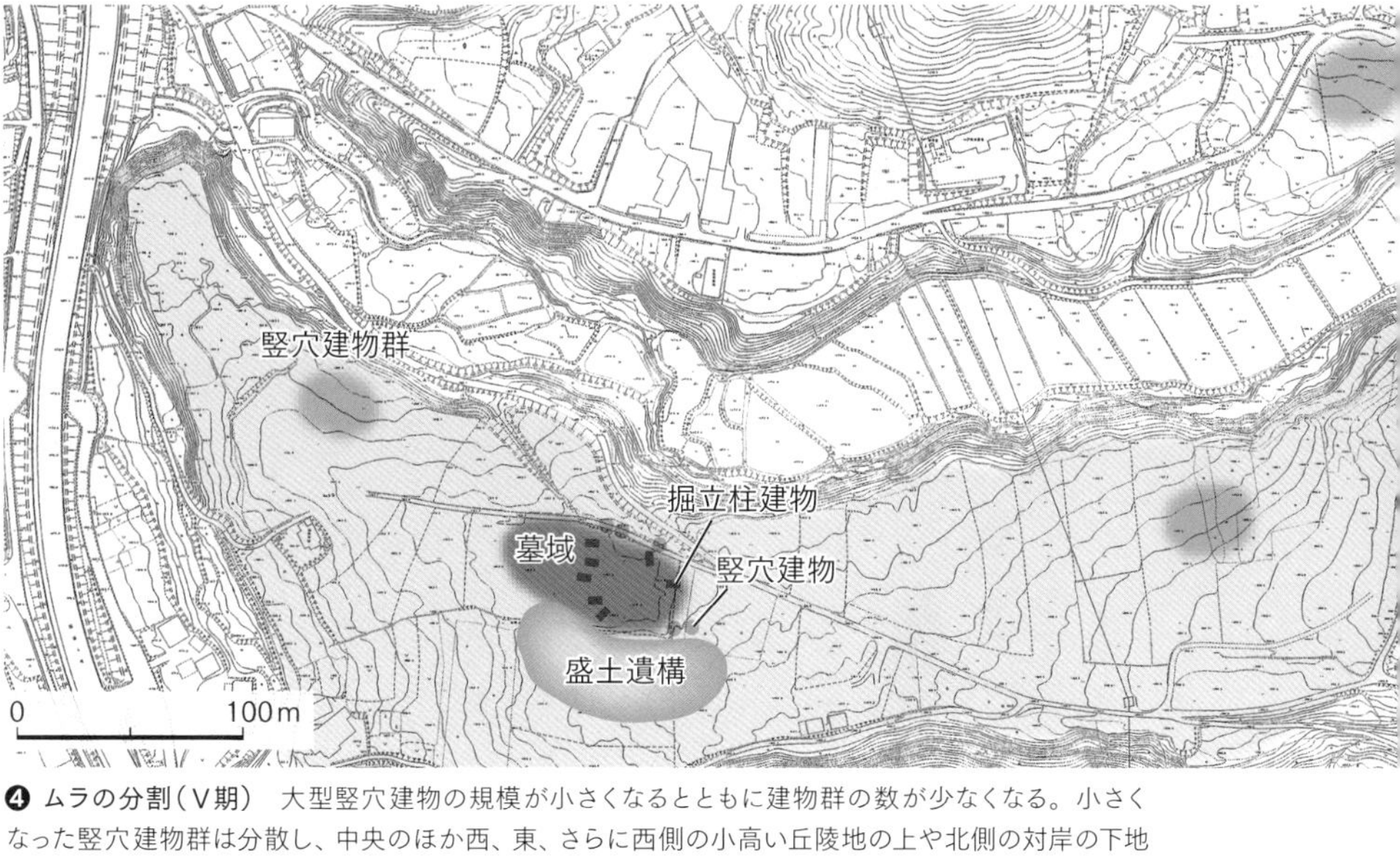

❹ ムラの分割（Ⅴ期）　大型竪穴建物の規模が小さくなるとともに建物群の数が少なくなる。小さくなった竪穴建物群は分散し、中央のほか西、東、さらに西側の小高い丘陵地の上や北側の対岸の下地切遺跡などに分布する。

13

祈りとまつり

配石遺構の出現

御所野遺跡でもっとも新しい時期、御所野縄文ムラが解体して周辺に分散する時期、あるいは分散した後に、御所野縄文ムラの中央部に、石を組んだ配石遺構*をいくつも環状にならべた環状列石*が二つつくられます。

東側の環状列石は、径三四×二〇メートルの東西に長い楕円形をしていて、その中は、径二～二・五メートルの円形・楕円形の配石遺構および単独で横たわる巨石、小規模な配石遺構が六、七個、幅五～六メートルの範囲に環状に集まったものです（→❶）。

環状列石の内側は遺構のない空白地で、外側には六本柱の掘立柱建物が各配石遺構に対応するように放射状に建っています。

個々の配石遺構は形や石の組み合わせ方も多様ですが、比較的保存状態のよい配石遺構を観察すると、大きめの川原石を横方向に円形にならべて縁取りして、その中に比較的小さい石を詰めています。その外側には花崗岩の巨石が直立していたと思われます。

配石遺構の下は調査をしていませんが、周辺には石のない径二～五メートル程度の土坑群があり、その大きさや形も配石遺構とほぼ同じことから、配石遺構の下にも同じく土坑があるものと考えられます。土坑の中から人骨などは出土していませんが、土坑墓*

配石遺構　石を一定の形に並べたものを組石といい、組石がいくつかまとまったものを配石遺構という。

環状列石　配石遺構が大きな環状になったものを環状列石と呼ぶ。

土坑墓　人を埋葬するために土を掘った穴。

と思われます。

西側の環状列石は、円形や列状など多様な形の配石遺構があります。なお、西側の配石遺構群の周辺は未調査のため、土坑をともなうのかどうかはまだ明らかになっていません。

また南側の盛土遺構の周辺には、単独の組石が分布しています。径一～二メートル前後で、石を列状あるいはL字状にならべたり、一カ所に集めて一定の形にしたものもあります。

こうした配石遺構は、御所野縄文ムラから分散し、周辺のムラに暮らすようになった人びとが、新たな墓標として構築したと考えられます。そして配石遺構の構築にともなって、対応する掘立柱建物をつくったのでしょう。配石遺構の周辺では、動物の骨や木の実を焼いた跡や土偶などのまつりの道具が出土しています。

それまでいくつかのまとまりが御所野縄文ムラにあり、その中央の墓を中心として継続してきたのが、生活の場を周辺のムラに移すことで、御所野縄文ムラは墓とまつりを中心とした祭祀センターになったと思われます。

このような社会の変化のなかで出現してきたのが環状列石です。こうした動きは北東北の全体にあり、秋田県鹿角市の大湯環状列石や青森市の小牧野遺跡などの大規模な環状列石がつくられていきます。

居住地の分散により、いままで以上に集団の結びつきを強める必要が生じてきたことで、このような施設を構築したのでしょう。

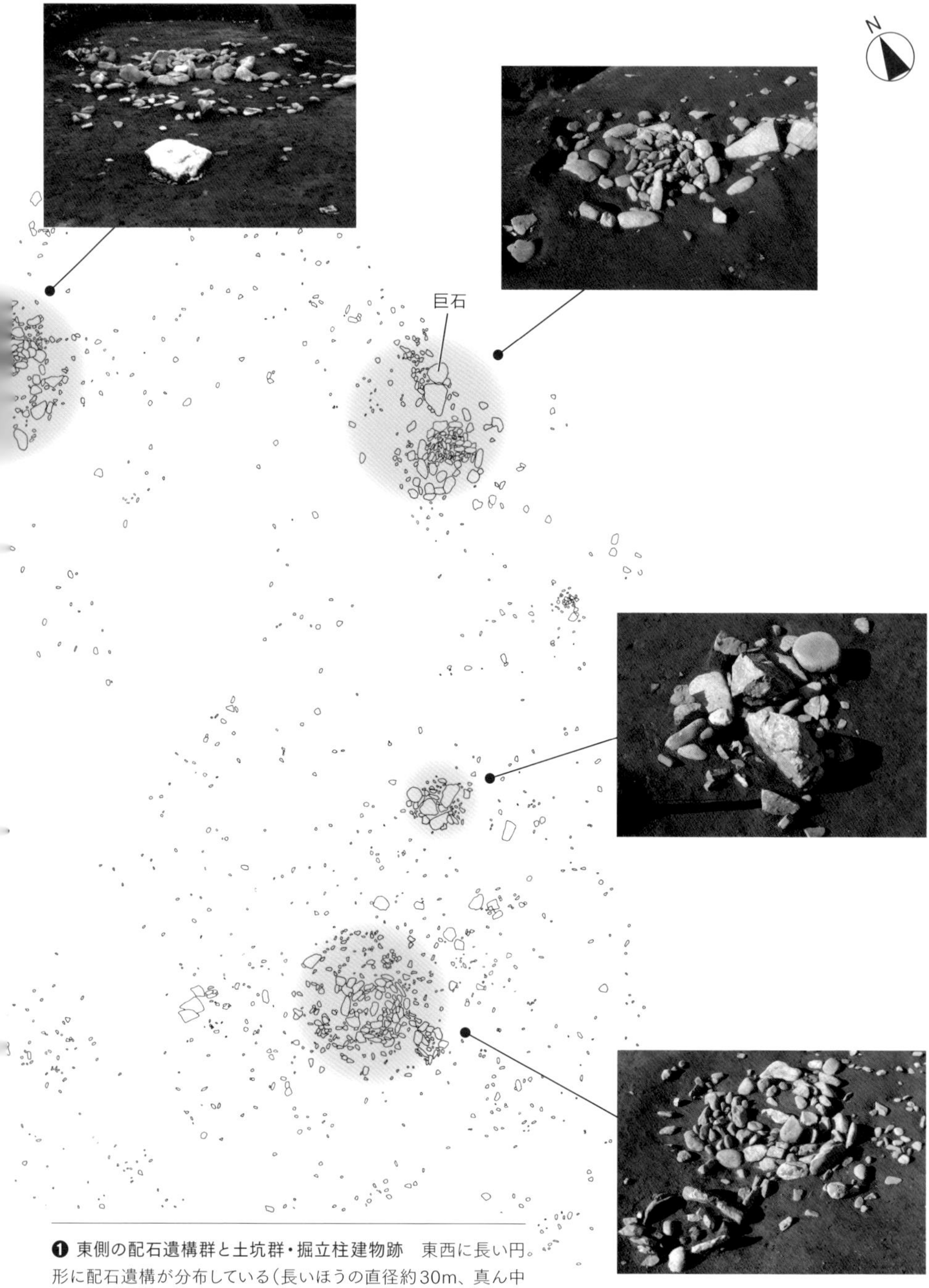

❶ **東側の配石遺構群と土坑群・掘立柱建物跡**　東西に長い円形に配石遺構が分布している（長いほうの直径約30m、真ん中は空白）。配石遺構の周辺には土坑群が分布しており、その外側を掘立柱建物跡がほぼ環状にめぐっている。

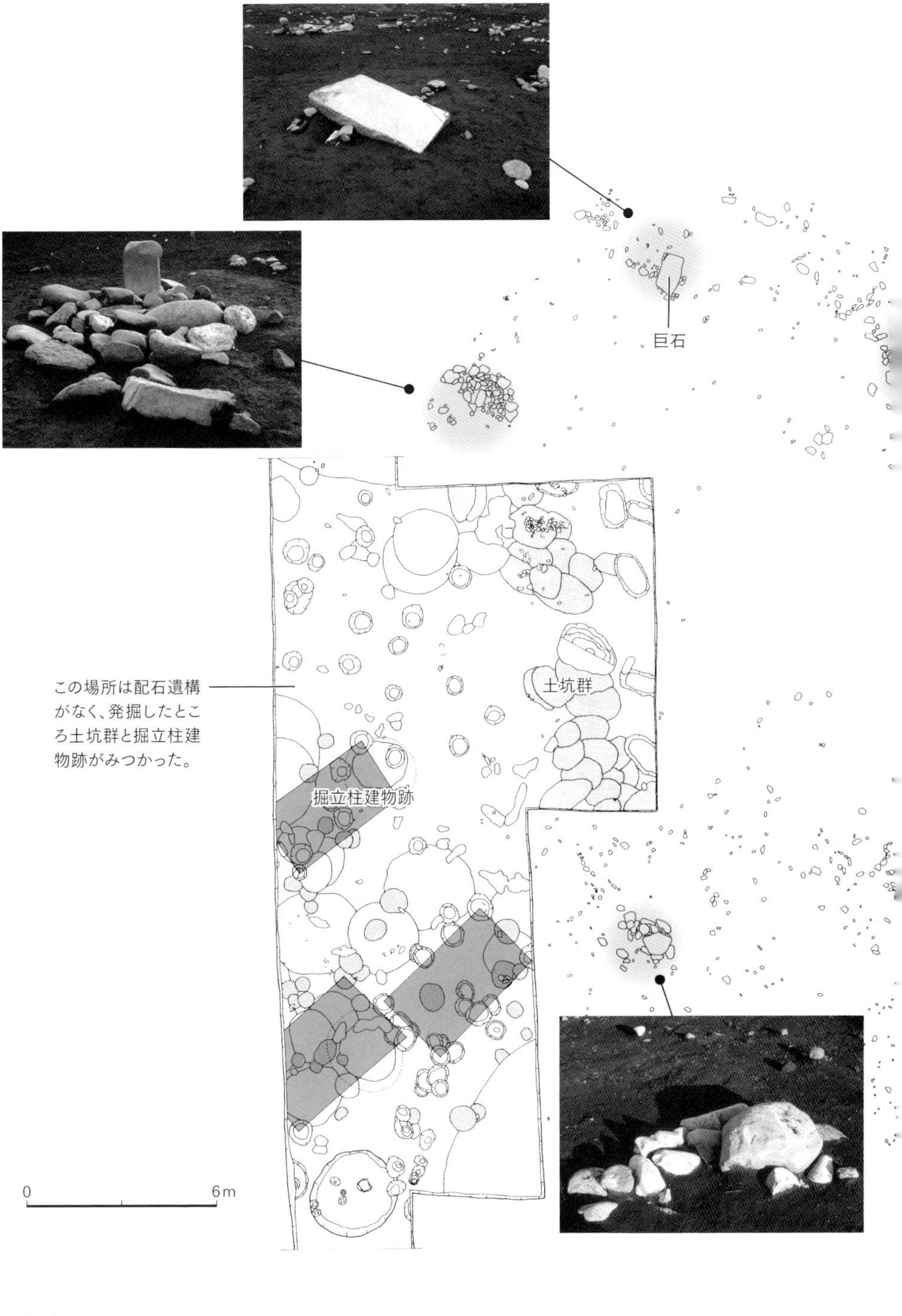
巨石
この場所は配石遺構がなく、発掘したところ土坑群と掘立柱建物跡がみつかった。
土坑群
掘立柱建物跡
0
6m

祈りとまつり

土偶は何に使われたのか

狩猟・採集・漁労で食糧を得ていた縄文人にとって自然は多くの恵みを与えてくれるものでしたが、その一方で火山噴火や地震、集中豪雨といった災害をもたらす存在でもありました。恵みであり脅威でもある自然のなかでの暮らしを通して縄文人が醸成していったのが儀礼や祭祀です。豊穣を期待してまつりをおこない、災厄を逃れるために祈りを捧げたのです。

そうした儀礼や祭祀に使用されたと思われる道具の一つに土偶があります（→❶）。御所野遺跡ではこれまでに一五点の土偶が出土しました。ほとんどが中央部から出土しています（→❷）。二点だけ、粘土採掘坑と東ムラからみつかっています。土器をつくる大切な粘土の採掘にあたって何かしらの儀式をおこなったのかもしれません。

土偶はいずれも壊れていて、完全なものはありません。破片のため完全な形での正確な大きさは不明ですが、高さ一〇センチ前後、厚みが一センチほどの薄い板状の胴体に、横に広げたような腕がついた「十字形土偶」とよばれるものです。脚は表現されていません。そして、先の丸い道具で連続して突き刺した文様があるのが大きな特徴となっています。また、脚があって立った状態を表現している、大きさが五センチ前後の扁平な立った状態の土偶もあります。同じく連続して突き刺した文様があります。

三角形の土製品もたくさんみつかります（→❸）。五センチ前後の扁平で、断面は板状の平坦なものから、外側にアーチ状にふくらみ内面は逆反りしているものもあります。粘土紐や沈線、刺突などで文様を描いてありますが、二つとして同じ文様がなく、どれも個性的なつくりです。土偶と同じ用途でつくられたのかもしれません。

そのほか形を整えて再利用された土器片が五〇〇点以上も出土しています（→❹）。円形や三角形、さらに方形に打ち欠いた破片で、なかには側縁を磨いてなめらかにしているものもあります。磨製石斧やキノコなどの形をした土製品もあり、それぞれ「斧状土製品」「キノコ形土製品」（→❺）と呼ばれています。小型のミニチュア土器もあるいは祭祀の道具としてつくられたのかもしれません。

このほかに紐を通す穴があいている土製品や石製品があります。垂飾、首飾など身体につけた装身具と考えられていますが、御所野遺跡では、ほかの祭祀具と同じく中央部から集中してみつかっており、祭祀の際に身につけたものと思われます。

石でつくられた祭祀具の代表は石棒です（→❽）。安山岩製の太めの丸棒状のものと凝灰岩製のものがあります。前者は端に渦巻や十字の彫刻を施し、後者は加工しやすいことから頭部にくびれをつくり、棍棒状にしているものもあります。

こうした祭祀具は御所野遺跡のV期（四五〇〇年前以降）のものが多く、縄文時代中期末になって種類も数量も一気に増えたようです。中期末から縄文社会の精神文化がいっそう複雑になり、強まったことを反映しているものと思われます。

❶ 土偶　手前に横たわっているのが板状の十字形土偶、後方中央の直立する土偶は粘土採掘坑から出土した。

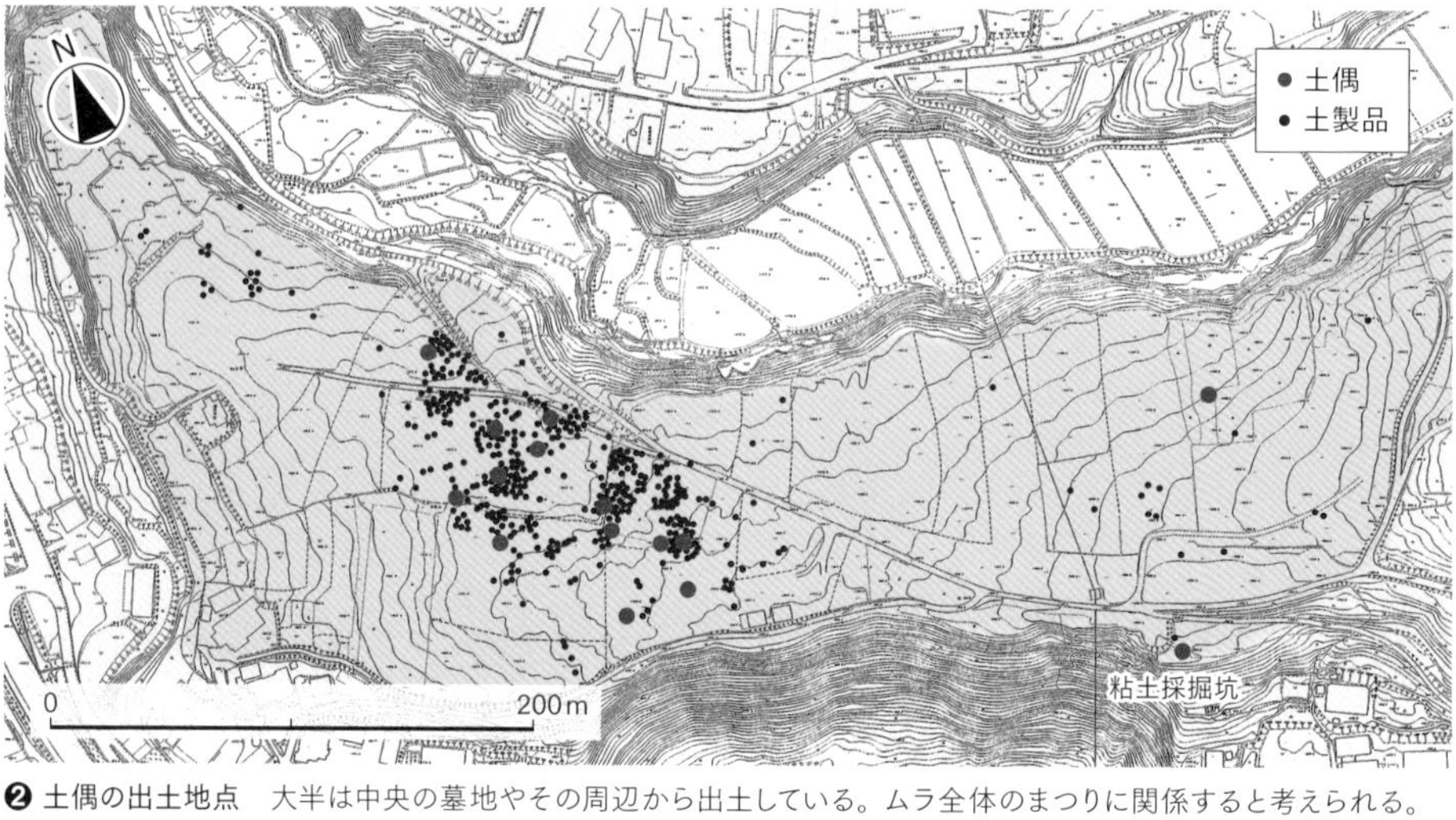

❷ 土偶の出土地点　大半は中央の墓地やその周辺から出土している。ムラ全体のまつりに関係すると考えられる。

❻ 土製耳飾り

❺ キノコ形土製品　キノコそっくりにつくった土製品。

❸ 三角形土製品　粘土で三角形につくった土製品。形も文様も多様。

❼ ミニチュア土器　鉢形のものが多い。台付土器の台部分だけのものもある。

❹ 円盤状土製品　土器片を円形に打ち欠いたり磨いてなめらかにしたもの。

❽ 石棒　両端に文様が彫り込まれている。

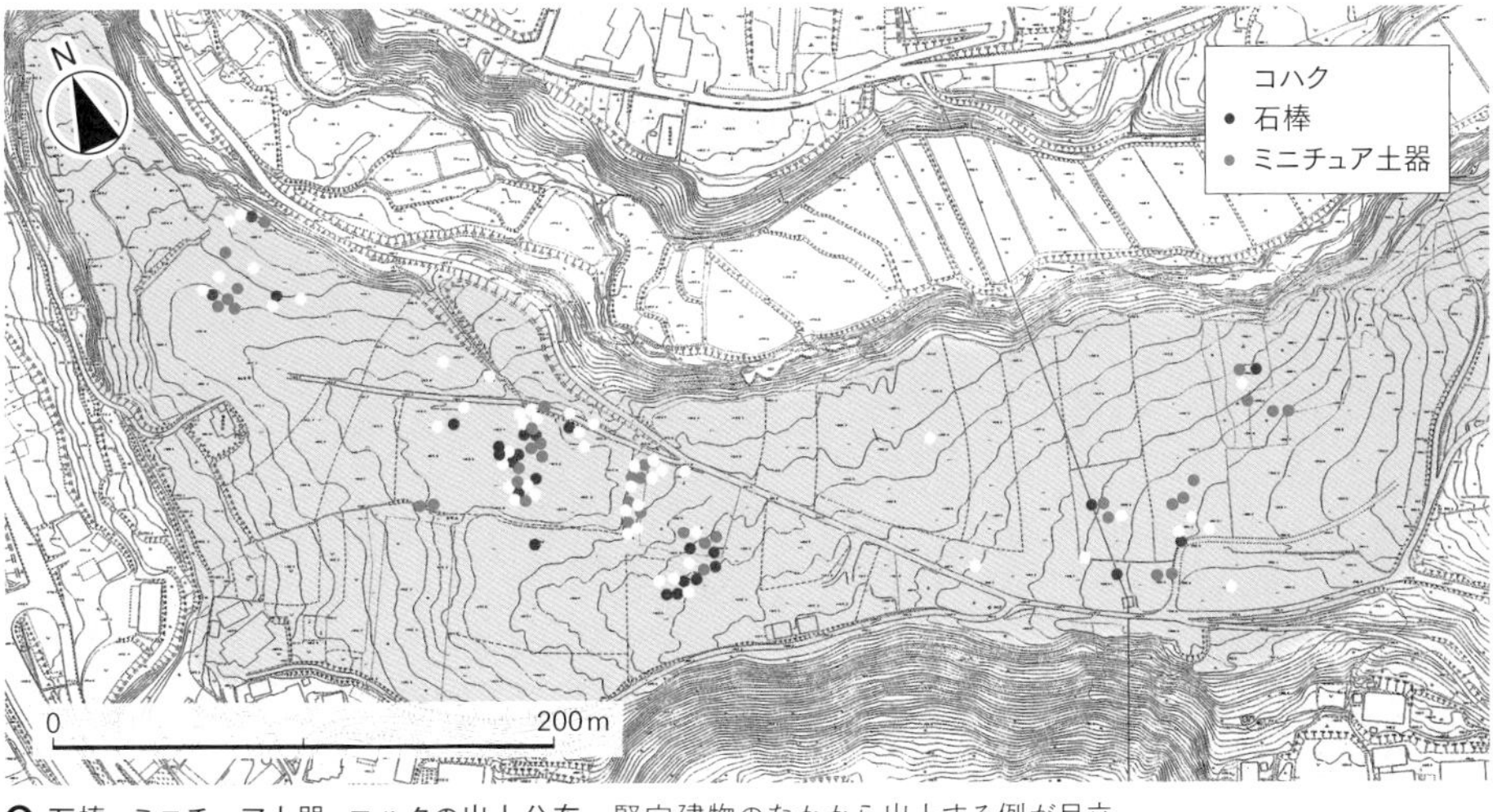

❾ 石棒・ミニチュア土器・コハクの出土分布　竪穴建物のなかから出土する例が目立つ。竪穴建物内でおこなわれたまつりにともなうものと考えられる。

15

祈りとまつり

イエを焼く

御所野遺跡からは、焼けた竪穴建物跡が多くみつかっています(→❶)。なぜ、焼けた建物跡が多いのでしょうか。火事が頻繁に起きたのでしょうか。

それを調べるために、発掘調査でわかった建物の構造を忠実に復元した竪穴建物の焼失実験をおこないました(→❷)。

御所野縄文ムラで復元された土屋根の竪穴建物は、なかで火をつけても、まわりが土でおおわれていることから、すぐに酸欠状態となって消えてしまうことが実験でわかりました。そこで土屋根の一部を取り壊し、外気が通るようにして火をつけたところ、勢いよく燃え、しばらくすると屋根がくずれ落ち、出土した焼失建物とおなじような状態になりました。

このことから竪穴建物は、意図的に燃やそうとしないかぎり、火災は起こりにくいことがはっきりしました。つまり、御所野遺跡でみつかった焼けた竪穴建物跡は、縄文人がわざと火をつけて燃やしたものだったのです。

焼失した竪穴建物跡には、二つの状態がありました。一つは焼失後に使用済みとなった土器や石器などを竪穴内に投げ入れているケースです。大型の竪穴建物跡では一五〇キログラムもの土器や石器が出土しました。竪穴建物を廃棄した後、わざわざ火を燃やしていることから、なんらかの儀式をおこない、その後、この場に土器や石器を投げ入れたと考えられます。「送り」などの祭祀にともなう行為かもしれません。

もう一つは、焼失後ほとんど手をつけていないケースです。西側のムラの一つの竪穴建物跡では、入り口正面の奥壁寄りで漆を塗布した土器や首の長いトックリ形の土器、さらには小型のミニチュア土器などが出土し、その周辺からは石棒や花崗岩の立石など祭祀にともなう遺物が集中して出土しました。この建物の入り口の奥壁寄り周辺は、建物内の祭祀的な空間だったことがわかります。

炉の周辺からは土器のほか、矢じりや石斧、磨石、石錐、石皿など日常生活で使用するほとんどすべての石器が出土しています。そのほかクリ、クルミ、トチノキなどの種実も出土します。このように日常生活で使用する道具の大半がまとまって出土していることから、必要な道具類をすべてそろえてから建物に火を放ったのかもしれません。

アイヌの人びとはムラのなかで死者が出ると、あの世で死者が住むための建物をもたせるために、住んでいた建物に火を放つといいます。イエ送りの儀礼です。この世にある建物は燃やして、あの世で生きる死者の住むイエに生まれ変わる、という思想です。御所野縄文ムラの焼失した建物跡も同じような考えから燃やされたのかもしれません。

焼失建物跡は各時期にみつかっていますが、もっとも多いのは縄文時代中期末で、八棟ありました。建物の規模もいろいろあり、縄文時代中期末ごろに生活の中に祭祀の考え方が色濃く反映されるようになってきたのかもしれません。

❶ **発掘された焼失竪穴建物跡**　もっとも保存状態のよい焼失竪穴建物跡で、焼土と炭化材が交互に堆積しており、激しく燃え落ちたと考えられる。

❷ 復元土屋根竪穴建物の焼失実験　復元した2年後におこなった。燃え落ちた跡は、発掘された焼失竪穴建物跡とおなじような状態になった。

16

山と石への祈り

御所野遺跡の北西方向の対岸に、ボウルを伏せたような円形の山があります。茂谷山です。この山が曇れば雨が降ると言われたり、山上に神の化身である権現サマを祀ったりと、現在でも地域で厚く信仰される神聖な山です。

花崗岩を基盤とした地質学的にも特徴のある山で、ところどころに花崗岩質岩石の石英モンゾニ岩*が露出し、周辺にはその石を起源とする真砂土*が分布しています。

13でみた配石遺構には、茂谷山から運んだ石英モンゾニ岩の巨石が使用されています。東側の環状列石の中にあり、一つは径二メートルほどの円形の配石遺構の脇にある長さ一五〇センチ、幅七〇センチの立石で、倒れて二つに割れています。もう一つは西寄りにある板状の石で長さ一三〇センチ、幅七〇センチで、こちらも倒れていますが当時は立っていたと思われます（→❶）。

縄文人はこの二つの石を、わざわざ茂谷山から馬淵川を越えて御所野に運んできたようです。人びとの強い思いを感じます。このような巨石をどのようにして運んできたのでしょう。

茂谷山の花崗岩は、竪穴建物跡のなかにも残っていました。西側のムラにほぼ同時期

石英モンゾニ岩　正長石と斜長石を含む深成岩で、その中に石英を含む。

真砂土　花崗岩が風化してできた土。

の竪穴建物が四棟建っていたことがわかっていますが、四棟の中心となる大型竪穴と中型竪穴の床面から、茂谷山産の花崗岩が出土しました。

大型竪穴（↓❷）は楕円形の一辺が直線的になっており、そこが入り口となっています。入り口を入るとすぐ炉があります。その延長上の奥壁の左側が祭祀空間です。五二×二二センチの丸い棒状の花崗岩があり、そのほかに石棒が横たわり、同じく三角形で板状の花崗岩が立ったまま床に据えられていました。これらの石も茂谷山の石と考えられます。

周辺からは、くびれた長い首のトックリ形土器や小型土器、漆を塗布した壺などの土器のほか、粘土を棒状に丸めて縦に長い孔をあけた土錘状の土製品、有孔土製品＊、円盤状の土製品、ミニチュア土器など、祭祀的な遺物がたくさん出土しました。

さらには煮炊き用の深鉢形土器のほか、磨製石斧、石鏃、石匙、スクレイパー＊、磨石、石皿、砥石、石錘、台石などの日常の暮らしで使うたいていの道具とともに、炭化したクリ・クルミ・トチノミなどの堅果類など、御所野遺跡から出土する大半の種類の遺物が集中的に出土しました。このような品々は、あの世で必要な道具や食糧であり、送りなどの儀礼用としてイエを焼く前にあらかじめ用意していたのかもしれません。

小型竪穴（↓❷）も同じく円形の一部が直線的になり、そこに入り口がありました。なかに入るとすぐに炉があり、その延長上の床面に深鉢形土器の上半部をさかさまの状態で置いてありました。同じく奥壁の左側に、柱穴と接するように自然石の花崗岩が設置されていました。

有孔土製品　中央に孔のある円形の土製品のなかで、孔が比較的大きなもの。

スクレイパー　剝片の縁を剝離して刃部をつくり出した石器で、削器とも呼ばれる。

❶ 配石遺構群と茂谷山　発掘調査時の中央北側の配石遺構群で、手前の配石遺構右側に横たわる巨石と中央にある板状の巨石はいずれも茂谷山から搬入したもの。後方のドーム型の山が茂谷山。

小型建物跡　石鏃1点のほかは土器で、いずれも掘り込んだ竪穴の壁寄りから出土しており、竪穴上を棚として置いていたものが焼失時に床に落ちたものか、あるいはあらかじめ床上に置いて火をつけた可能性がある。各土器は竪穴の北側から文様のない土器、南側から文様のある土器が出土している。

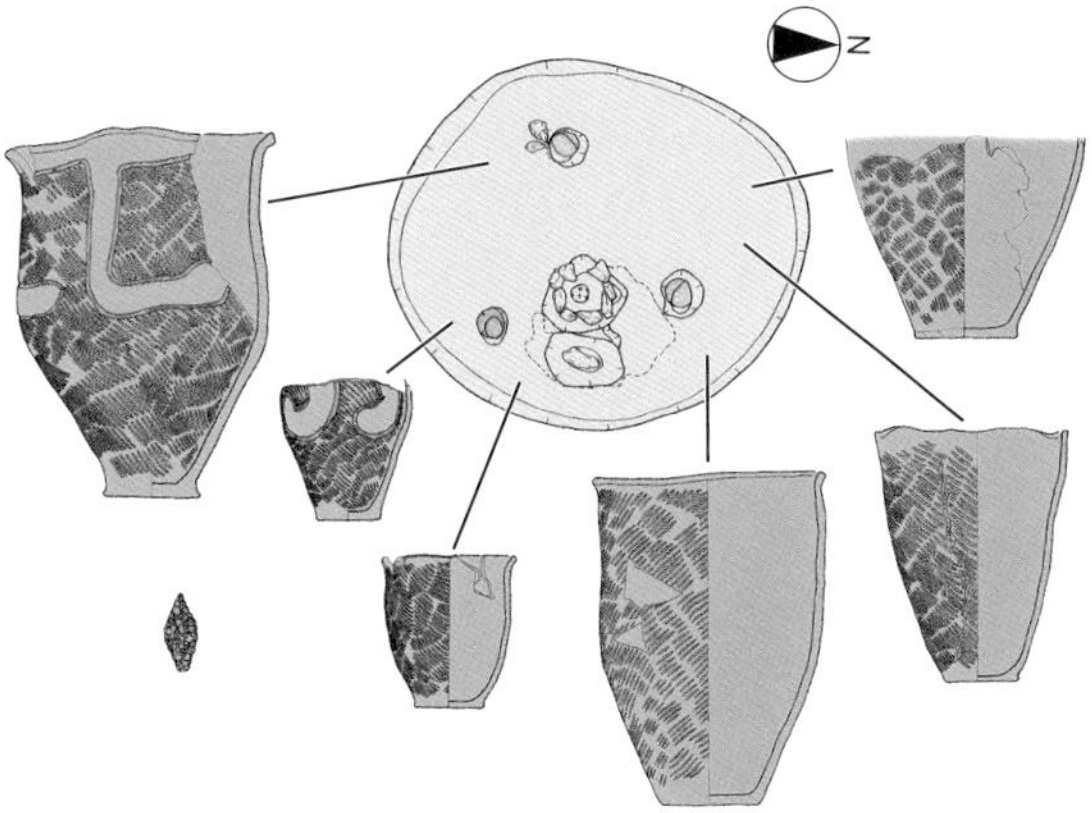

❷ 大型建物と小型建物からの出土品

大型建物跡　図示したもののほかにつぎのものが竪穴内から出土している。

石鏃14点、石匙1点、スクレイパー1点、石斧1点、ミニチュア土器2点、管状土製品10点、円盤状土製品3点。

以上の石器と土製品を含めた土器、石器、土製品などは、縄文時代中期末に使用する道具の大半が含まれており、イエを焼く前に事前に用意された可能性が高い。

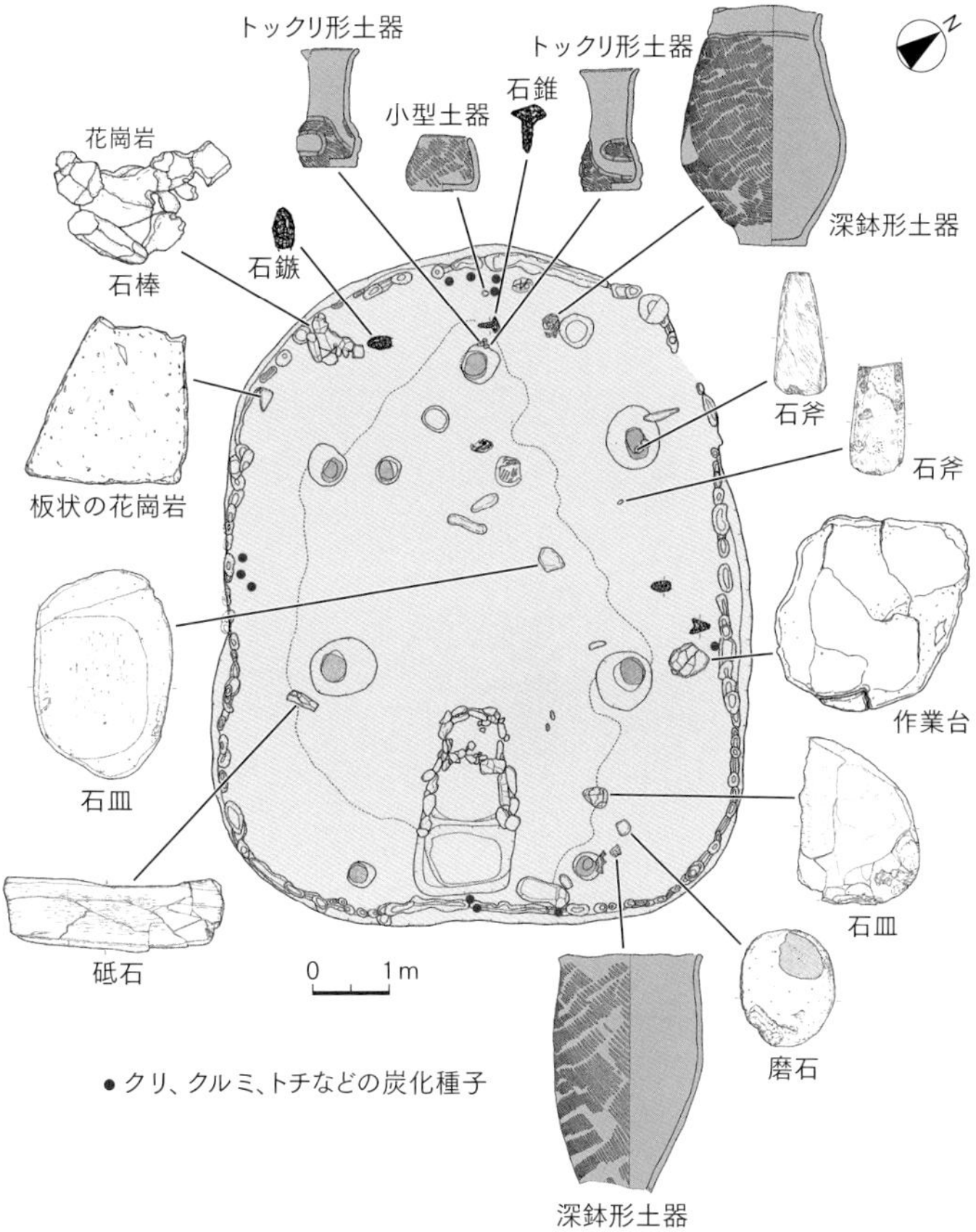

17

祈りとまつり

木の実を焼く

縄文時代中期の後葉、御所野縄文ムラの中央にあった環状集落の中のある竪穴建物跡から、焼けて炭化した木の実がたくさん出土しました。

それは四×五メートルの中型の竪穴建物跡で、入り口寄りにある炉とその周辺一〜二メートルの範囲にびっしりと残っていたのです。全体のほぼ四分の一を取り上げ、そのほかはそのままの状態で保存しました。取り上げた分だけでも七五〇グラムありましたので、全体では三キロほどになります。

取り上げた木の実を調べてみると、大半はトチノキの実で、その中にクリとクルミの実がすこし入っていました(→❶)。それらの実を集めて盛り上げてから火をつけたのでしょう。燃えている途中に土をかぶせて蒸し焼きにしたのでしょうか、果肉のほか外皮がそのまま残っているものもあります。どれも縄文人たちの大切な食糧です。

同じく、かつて環状集落があったころの中央広場の墓近くにある竪穴建物跡で、炭化した木の実がたくさん残っていました(→❸)。石囲炉の中とやや離れた床上にまとまっていて、床上では一〜二メートルほどの範囲です。木の実の種類もトチの実が圧倒的に多く、少量のクリ、クルミ、コナラの実が含まれています。

掘立柱建物跡の柱穴からも焼いた木の実が出土しています（→❹）。この掘立柱建物は、縄文時代中期末に、ムラの中央部にあった二つの配石遺構群のうちの東側の配石遺構群の外側に位置しています。墓坑と配石遺構が三〇メートル程度の環状に広がり、その外側に放射状に配置された数棟の掘立柱建物のひとつで、柱が六本ある長方形の大型の掘立柱建物です。

この掘立柱建物跡の広場側の二つの柱穴に、大量の炭化した木の実が詰め込まれていたのです。建物を解体して柱を抜いた後の空洞部分に焼いた木の実を入れたのでしょう、なかには炭化した木材も一緒に入っていたことから、建物周辺で焼いて炭化させた後、それをかき集めて入れたと考えられます。大半はトチノキの実で、少量のクリとクルミの実が含まれています。

トチノキの実、それとクルミ、クリの実は御所野縄文ムラの主要な食糧だったはずです。その貴重な食糧を食さずに大量に焼いてしまうのですから、重要な儀礼の一つとしておこなわれたと考えられます。外皮が残るように意図的に形を崩さないように炭化させていることから、「送り」などの儀礼だったのかもしれません。

時期はⅢ期とⅤ期の両例あるが、とくにⅤ期は御所野縄文ムラの終わりごろ、すでに縄文人は周辺の集落に住むようになったころのことで、墓と配石遺構だけがあったのかもしれません。炉の周辺に焼いた木の実が敷きつめられていた竪穴建物も、すでに上屋はなくなっていて、炉跡だけがかつて建物があったことを留めているだけだったでしょう。ここは周辺集落の共通の祈りの場、互いの絆を確かめる場だったと考えられます。

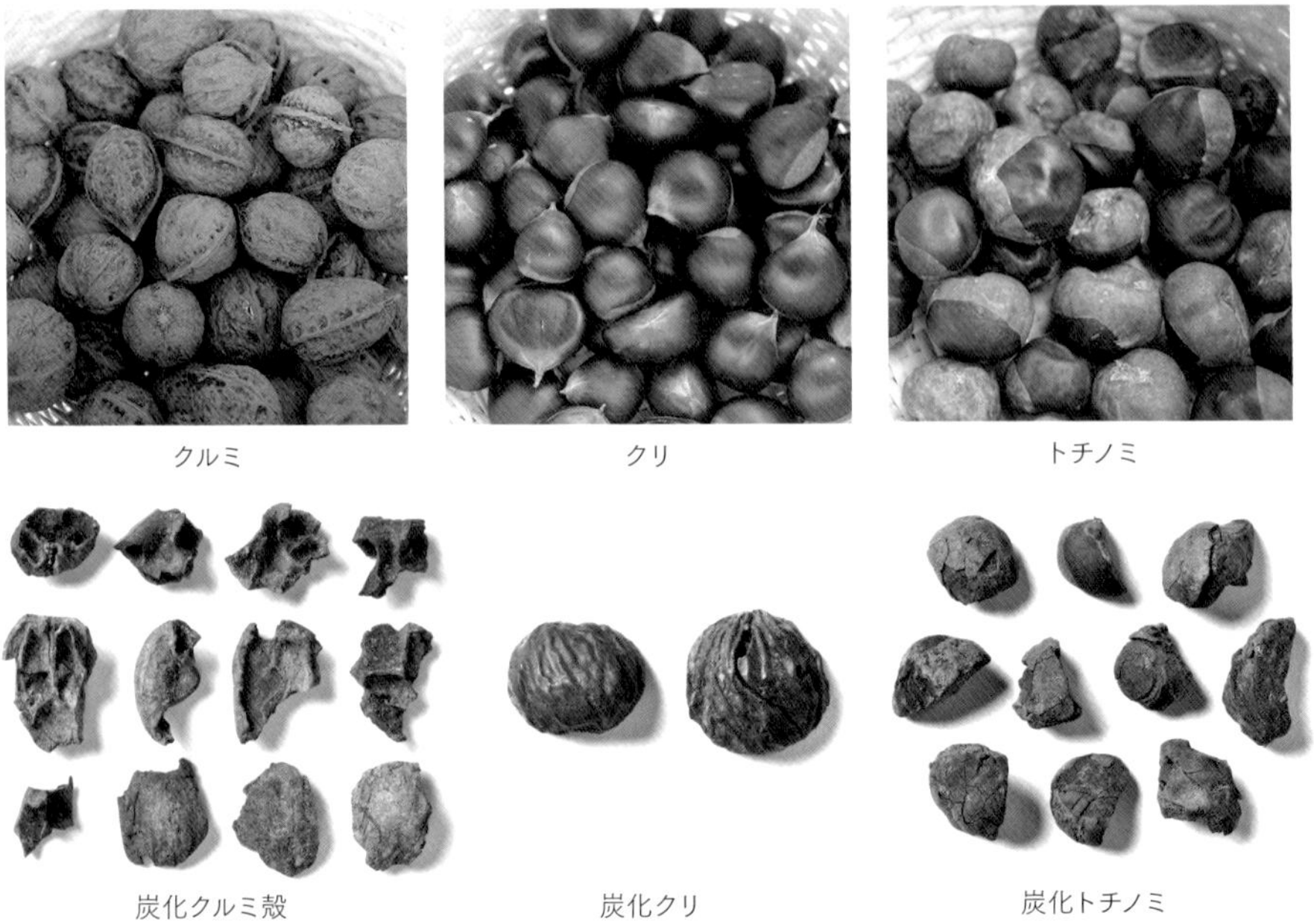

❶ **現生の木の実と出土した炭化種子**　出土した炭化種子はトチノキが多く、ついでクリ、クルミとなる。時期によってやや出土量が異なる。

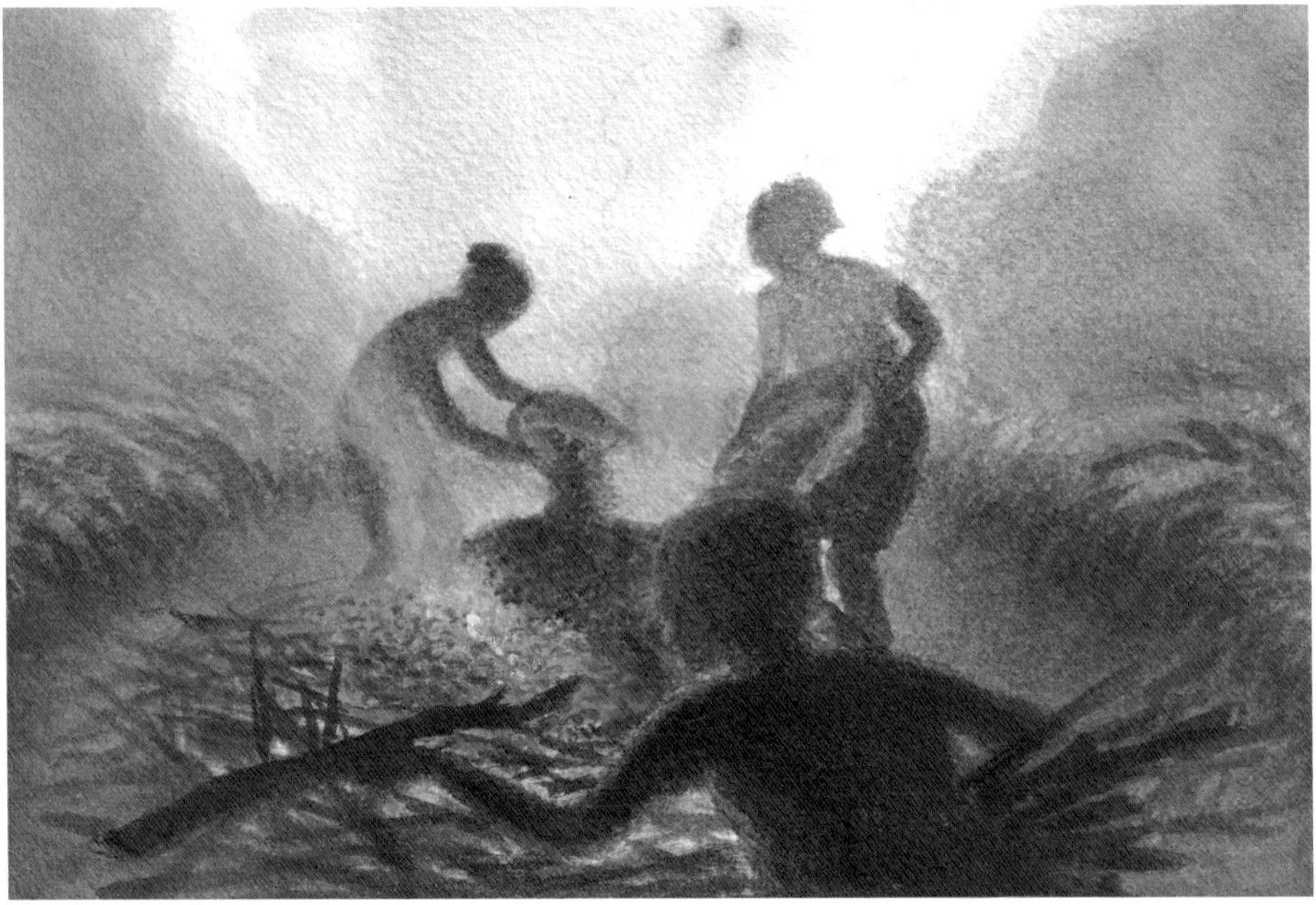

❷ 廃棄された竪穴建物跡の炉の上で種子を焼き、土をかぶせている様子（イメージ図、安芸早穂子画）。

❸ 竪穴建物跡から出土した炭化種子　黒い部分が炭化種子。炉跡の上とそのまわりに厚く堆積している。

❹ 掘立柱建物跡の柱穴から出土した炭化種子　写真中央の土の中に黒く点々とみえるのが炭化種子。柱を抜いた後の柱穴に入れたと考えられる

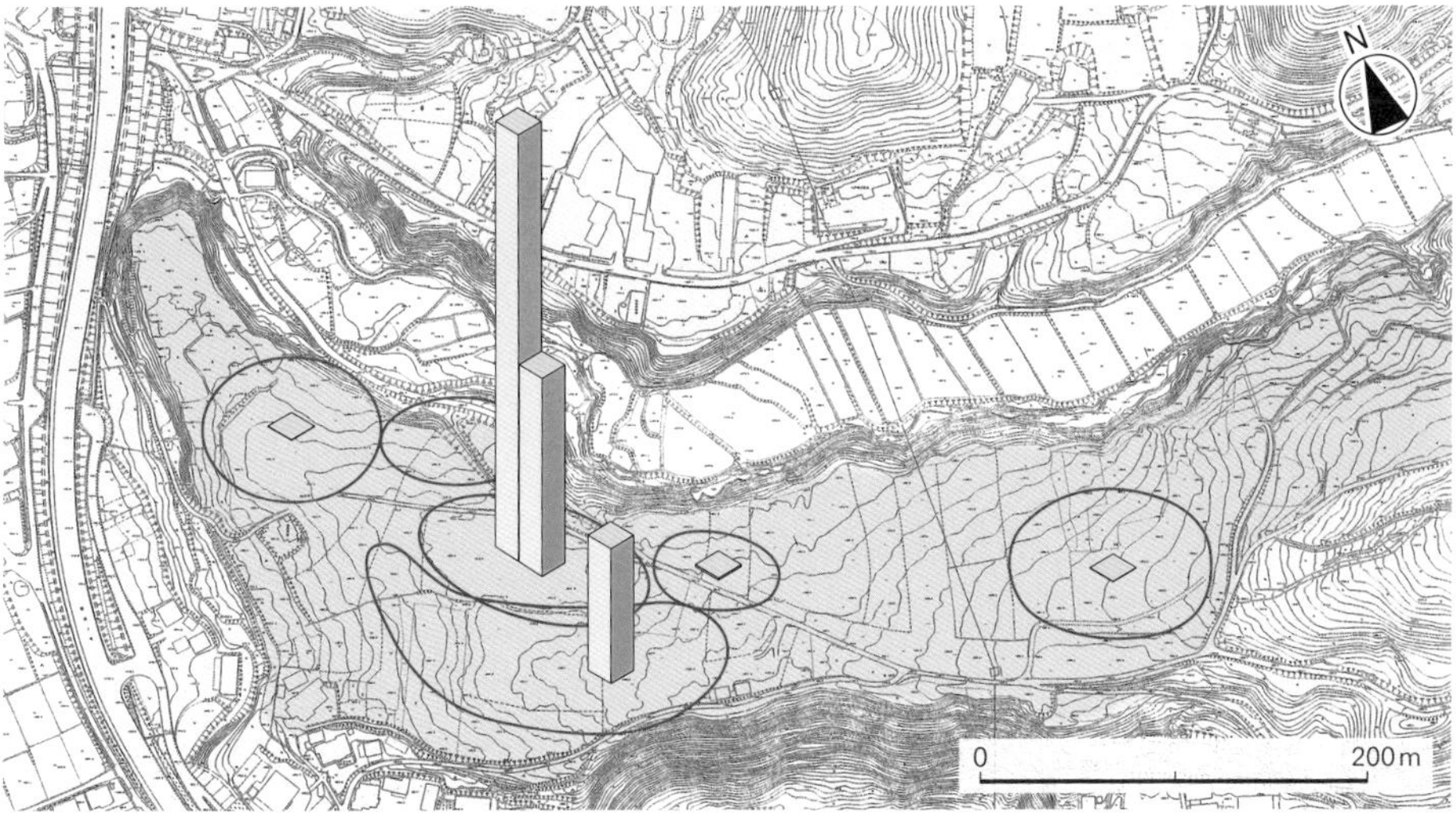

❺ 炭化種子の出土地点と出土量　中央部からの出土が圧倒的に多い。

18

祈りとまつり

動物の骨を焼く

先の17で木の実を焼く行為をみてきましたが、御所野縄文ムラでは、動物の骨を焼くこともおこなわれていました。時期は同じく縄文時代中期の後半からはじまりますが、中期の終わりごろになって活発になったようです。中期の終わりごろ、ムラに人は住まなくなり、中央に墓と配石遺構だけがあるころです。

焼かれた骨の出土状況には二通りあります。一つは廃棄された竪穴建物跡のくぼみで焼いてそのまま残るものです（→❸）。壊された土器などとともに出土しました。

また、ムラの中央部の墓と盛土遺構の上では、焼かれて白くなった小さな骨片が散在している場所がいくつもみつかりました。

中央部北側の広場とその周囲に環状に広がる墓の北側では、大きく土が焼けた場所を三カ所確認しています。一つは八〇センチ×三〇センチの広さで、ほかの二つはそれよりやや狭くなります。そして焼土のまわりの一定の範囲に焼かれた骨が分布しています。このことから焼土のある場所で骨を焼き、焼いた骨をさらに細かくして、周辺にばらまいたと考えられます。

それは竪穴建物や掘立柱建物などの遺構の上で、焼土と骨片は竪穴建物や掘立柱建物が建っていた時期よりも新しいことになります。焼土の近くには径二〇～四〇センチの柱穴が密集し、なかでも二〇センチ前後の小規模な杭状の柱穴が多いところの上にあることから、これらの建物と骨を焼く行為になにか関連があるのかもしれません。

南側の盛土遺構の上でも焼土がいくつかみつかっています。なかには骨片が石囲炉の中から出土し、さらに周辺にも骨片が広範囲に分布しています（→❹）。盛土遺構の上でも周辺で骨を焼き、まいたと考えられます。

骨の種類はイノシシ、シカが圧倒的に多く、そのほかツキノワグマ、イヌ、クジラ、キツネ、タヌキ、さらに周辺の川に生息していた魚類、鳥なども含まれています。いずれも御所野縄文人の大切な食糧です。魚骨と鳥骨はあまり残存しなかったようで、魚骨では川魚のウグイと回遊魚のサケを確認していますが、鳥骨は種別までは同定できませんでした。なおクジラの骨は道具として加工されたものでした。

骨の多くは白色化し、一センチ程度に割れていました。時間をかけて十分に焼いて、さらに砕いたと考えられます（→❶）。イノシシやシカの骨には臼歯のついた成獣の下顎骨がありました。歯は燃えやすく、かりに顎骨と四肢骨を一緒に焼いた場合、歯はさきに消滅してしまいます。頭部には焼かずに遺棄したものもあったと推測されます。

このように御所野縄文ムラの中央部から出土した焼かれた骨は総量一五キロにもなりました（→❼）。なんのためにこのように骨を焼いてまいたのでしょうか？　木の実と同じように、自然からの恵みに感謝し、自然に返すことでさらなる恵みが得られることを願う「送り」の儀式のひとつと考えたらどうでしょうか。

❶ **焼かれて白色化した動物の骨**　焼いた後で細かく砕いたのか、小さな破片となって土に混じった状態で出土した。

❷ 骨を焼いた後で石などで砕いている様子（イメージ図、安芸早穂子画）。

❹ **竪穴建物の炉跡から出土した骨片**　石囲炉の中の焼土に骨片が混じっていた。

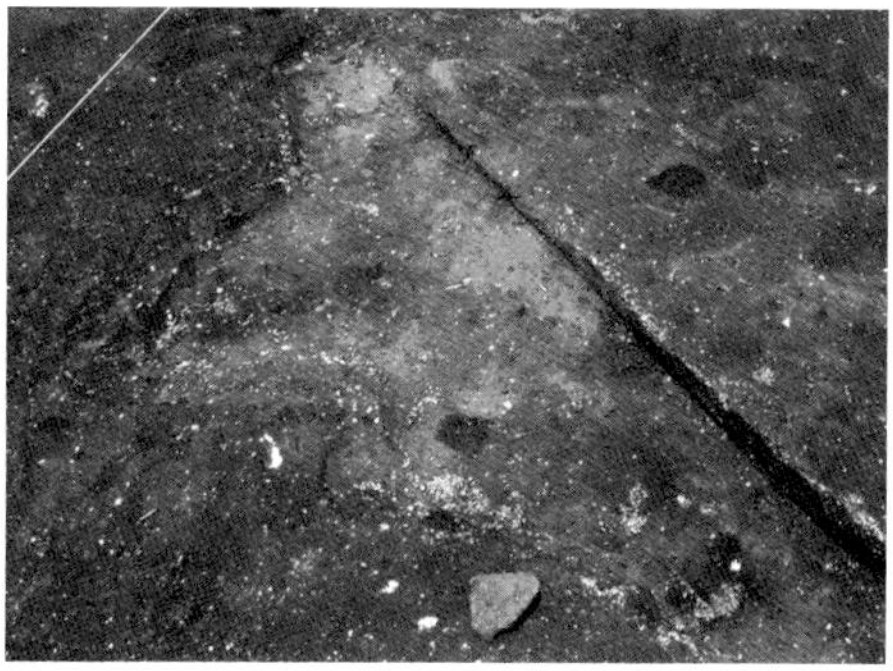

❸ **散在する小さな骨片**　いくつかの焼土が重なっており、この場所でくり返し骨を焼いたものと思われる。

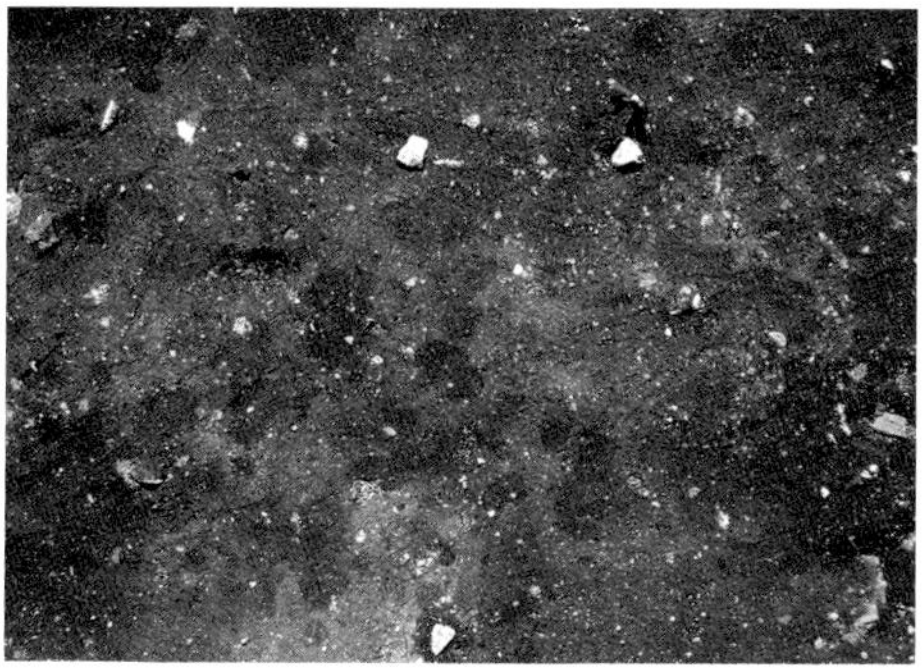

❻ **ばらまかれた焼骨**　焼土のまわりで骨片がみつかった。

❺ **焼かれたシカの袋角**　袋角は生育途中の角で、夏季に捕獲されたことを示している。おそらく意図的に焼かれたためにかろうじて残存したと思われる。

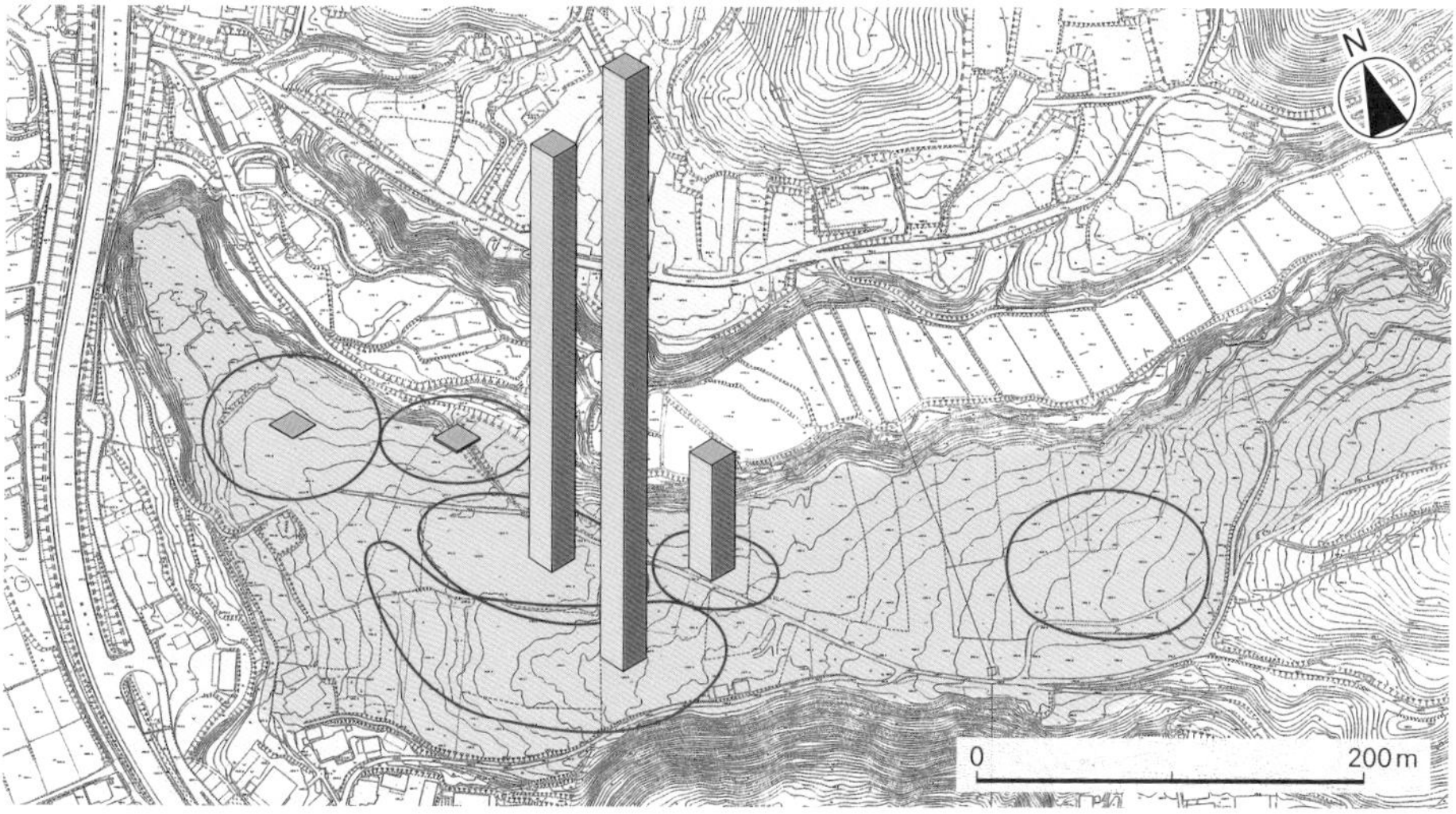

❼ **焼かれた骨の出土分布と出土量**　木の実と同様に中央部からの出土が多い。

見えてきた縄文世界

森の中に茅葺きの竪穴建物が二、三棟あって、人びとは広い森のなかにまばらにあるクリやトチノキなどから実を採集したり、川で魚を数匹ずつとったりして生活している、という風景が一般的な縄文ムラと考えられてきました。しかし、近年の列島各地の発掘調査の成果によって縄文時代のイメージは大きくかわってきました。本書では、御所野遺跡という一つの遺跡の最新成果から見えてきた新たな縄文世界を紹介してきました。

御所野遺跡は縄文時代中期後半、いまから五〇〇〇年前から四二〇〇年前まで、約八〇〇年間続いたムラの跡です。ムラのすぐ近くを馬淵川が流れ、それに合流する小さな川や豊かな森の近くで狩猟・採集・漁労を中心とした暮らしが営まれていました。焼けた竪穴建物跡の調査から竪穴建物は土屋根だったことがわかり、土壌の調査から短い草が生い茂る草原だったことも明らかになり、縄文ムラのイメージは一変しました。

ムラの変遷をまとめると、はじめは台地の各場所でまとまっていたムラが、四八〇〇年前ごろに南の大木式土器文化圏からの影響を受け、墓と祭祀を中心とした新しいムラに大きく変わります。遺跡の中央部では、北側を大きく削って平坦にし、出た土を南側に高く盛り上げました。削られた場所は墓に、盛られて高くなった場所はまつり（祭祀）

の場となります。そして、それらをとりかこむように住まいである竪穴建物が環状にめぐります。ムラが大きく変わるとともに「木の実を焼く」、あるいは「骨を焼く」という行為がムラの中央部でおこなわれるようになりました。土偶のほかに三角形土製品やキノコ形土製品などが新たにつくられ、石棒などの数がしだいに増加します。

さらに、四五〇〇年前ごろになると、中央部の墓域はそのままとしてムラは東と西に広がります。やがて竪穴群のまとまりは少しずつ規模が小さくなり、御所野の台地とその周辺に分散していきます。このような分散にともなって出現するのが、中央部の墓域の配石遺構群と掘立柱建物群です。配石と掘立柱建物の一つのセットが、小規模となって分散したそれぞれのムラに対応する可能性があります。中央部で分散したムラ全体のまつりをおこないそれぞれの紐帯を強めていったのでしょうか。

こうしてまつりが活発になるにつれて大きなまとまりが崩れムラは解体され、小さな集団となりながら御所野縄文ムラの周辺に分散したものと考えられます。やがて御所野縄文ムラはまつりの場に特化した〝祭祀センター〟となり、まつりのときに周辺から集まってくる場所になったと思われます。

四二〇〇年前ごろに御所野縄文ムラは消滅しますが、それ以降、北の縄文世界では、祭祀の場と居住地との分離がいっそう強まり、秋田県鹿角《かづの》市の大湯環状列石や北秋田市の伊勢堂岱《いせどうたい》遺跡、さらには青森市の小牧野《こまきの》遺跡など、見晴らしのよい高台に大規模な環状列石がつくられます。御所野縄文ムラの移り変わりと祭祀遺物の出土状態は、縄文社会の大きな変化を読み解くカギとなるようです。

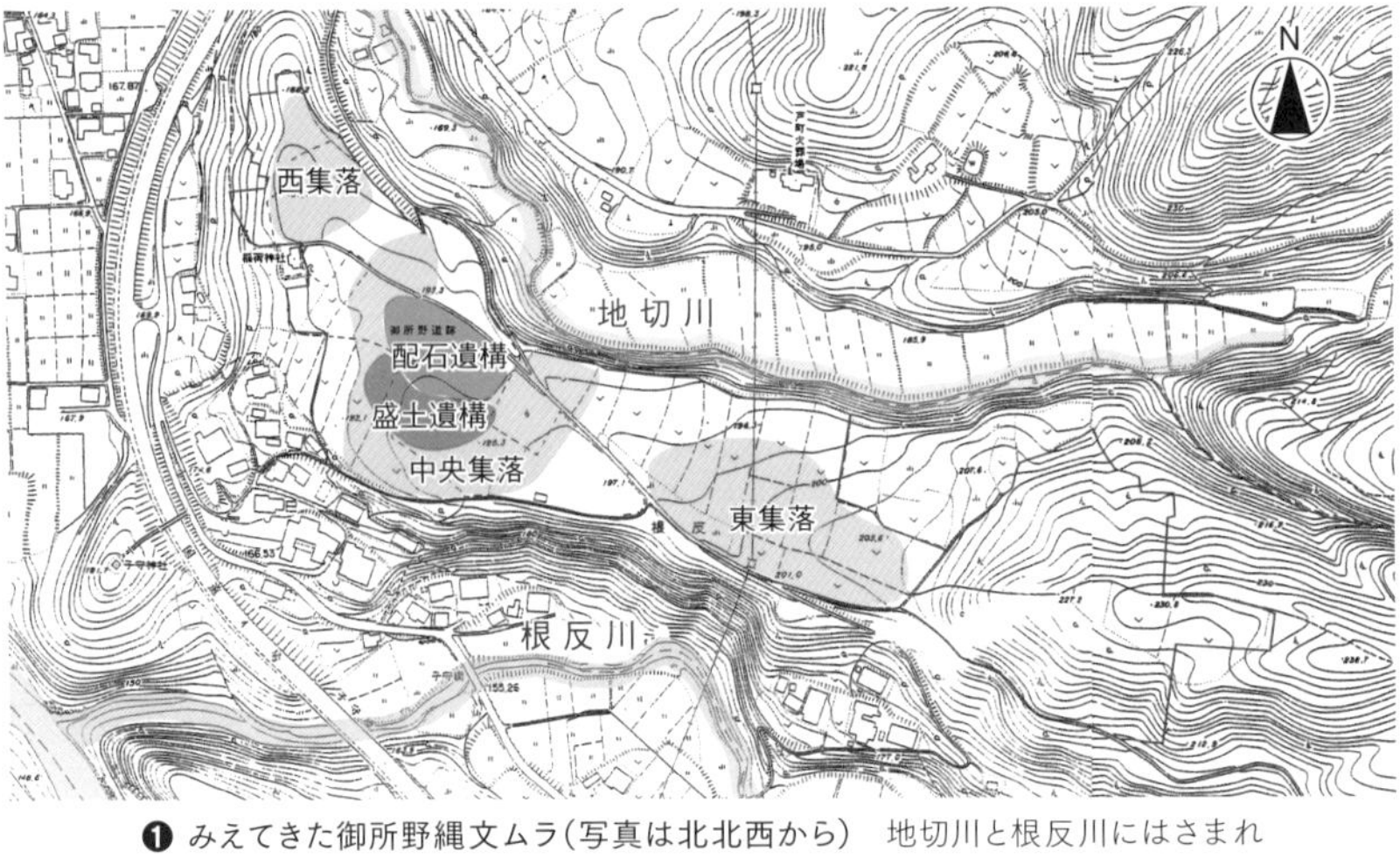

❶ みえてきた御所野縄文ムラ(写真は北北西から)　地切川と根反川にはさまれた御所野の台地にムラが展開する。遺構を保護した上に竪穴建物などを復元。

❷ 東ムラ(Ⅳ期)　中央正面が大型竪穴建物、その後方が中型竪穴建物。左手は4本柱の掘立柱建物で、居住地内の建物(貯蔵施設?)。

❹ 配石遺構群と掘立柱建物・木柱列　中央ムラの北側にある。配石遺構は露出展示。

❸ 中央ムラ(Ⅳ期)　左手のクリ林の右側が大型竪穴建物、クリ林の後方に隠れてみえるのが小型の樹皮葺き竪穴、大型竪穴の右後方に中型竪穴、右手前は小型竪穴。

❺ 西ムラ(Ⅳ期)　左手後方が大型竪穴建物、右手後方が中型竪穴、手前の2棟が小型竪穴。

見えてきた縄文世界

北の縄文世界と御所野遺跡

01で紹介したように、北海道南部から東北北部には、津軽海峡をはさんで同じような自然環境が形成されていました。日本列島でもっとも古い土器群の一つが青森県外《そと》ケ《が》浜《はま》町の大平山元《おおだいやまもと》遺跡から出土しています（一万五〇〇〇年前）。一緒に出土した石器とともに、縄文人の定住がはじまるころの様子を知ることができます。

九〇〇〇年前になり、しだいに暖かくなるにつれて、ミズナラなどの冷温帯落葉広葉樹林が丘陵地や段丘などにひろがり、やがて暖流の北上とともに日本海側に雪をもたらすことでブナ林が拡大していきます。このような環境のなか各地でムラが出現します。北海道函館市の垣ノ島《かきのしま》遺跡や青森県八戸市の長七谷地《ちょうしちやち》貝塚などです。

七〇〇〇年前の縄文海進期になると、魚貝類のほか甲殻類、刺胞《しほう》動物などが生息する内陸奥深くに入りこんだ入り江が、縄文人にとって有用な動植物の宝庫となります。ムラはこうした水辺近くに立地するようになります。

この地域の文化的なつながりをさらに強めたのが、五九〇〇年前の十和田火山の大爆発です。縄文時代以降、日本列島最大の火山噴火といわれるこの噴火を契機として、東北北部に一気にムラが増え、円筒式土器文化圏が形成されます。北海道伊達市の北黄金《きたこがね》貝塚、青森県の田小屋野《たごやの》貝塚、三内丸山遺跡など長期に継続するムラが増えます。なかには交流が活発な大規模なムラが出現します。陸奥湾岸の三内丸山遺跡や北海道の噴火湾沿いの大船《おおふね》遺跡、青森県の小川原《おがわら》湖岸の二ツ森《ふたつもり》貝塚などとともに、内陸の河川沿いに立地する遺跡が御所野遺跡です。

縄文時代中期後半になると少しずつ寒冷化がはじまり、縄文社会も変化していきます。それまで同じ場所に集中していたムラが中期末葉になり周辺に分散していきます。このようなムラの分散にともなって新たに大規模な環状列石が出現します。秋田県鹿角市の大湯環状列石、北秋田市の伊勢堂岱遺跡、さらには青森市の小牧野遺跡などは、いずれもムラが分散した後の遺跡です。

このような施設は、祭祀や祖先崇拝など共通の目的のために個々のムラから人びとが集まる施設と考えられます。同じ時期の個々のムラの様子は北海道洞爺湖町の入江《いりえ》貝塚や高砂《たかさご》貝塚などで確認できます。大規模環状列石は青森県弘前市の大森勝山《おおもりかつやま》遺跡のように晩期まで継続しますが、北海道の道央では千歳市のキウス周堤墓《しゅうていぼ》群のように同じ性格でも形式を異にする施設として継続されます。

やがて縄文時代晩期になると、この地域の文化は亀ヶ岡《かめがおか》文化として新潟県南部や東北地方全域を含む広い範囲まで拡大していきます。その文化の内容はつがる市の亀ヶ岡遺跡や八戸市の是川《これかわ》遺跡などで確認できます。

このような北の縄文世界のなかで、内陸の河川域の遺跡を代表し、中期後半の縄文社会の大きな変革期の様相をもっとも具体的にあらわしているのが御所野遺跡です。

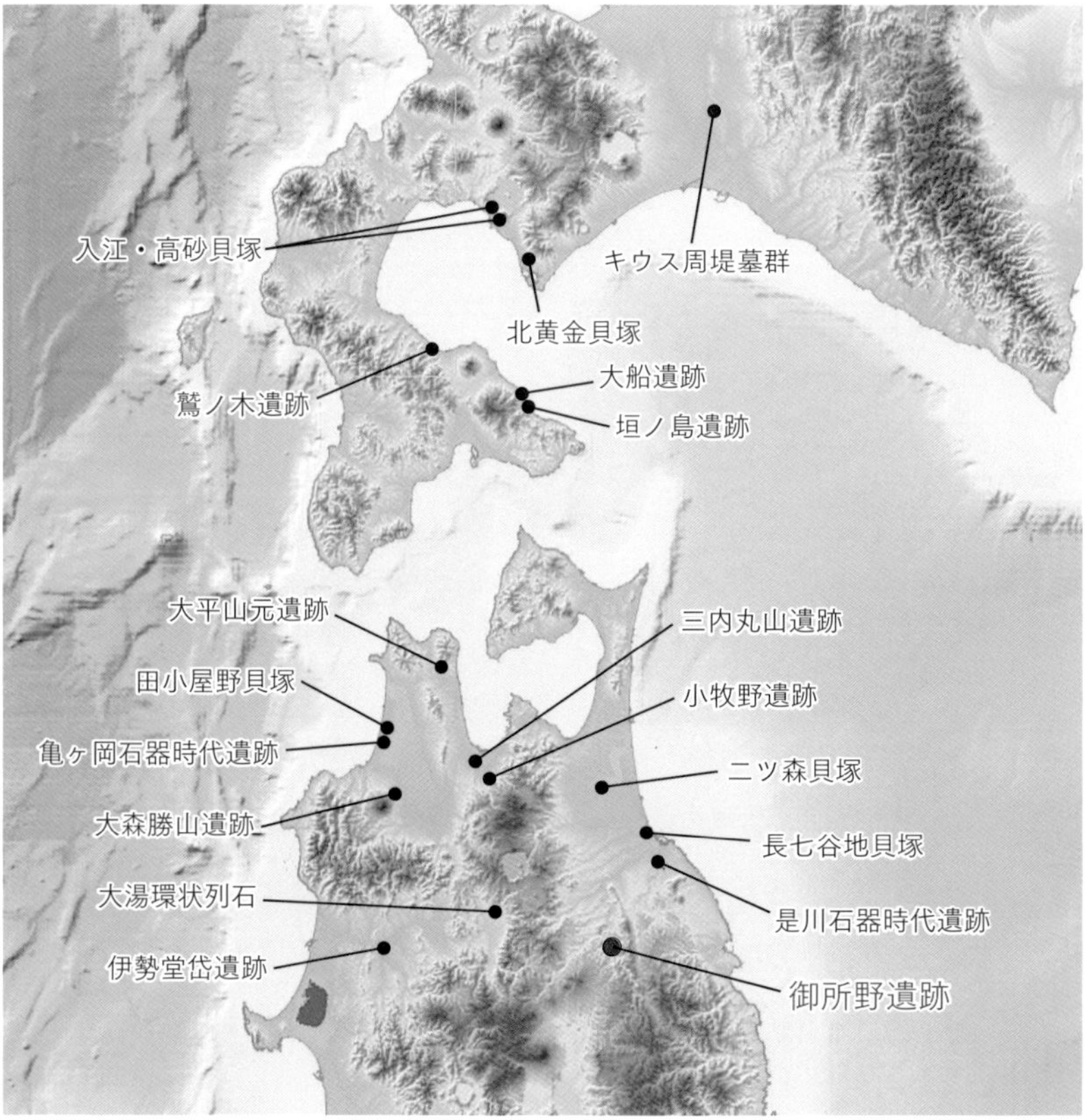

構成資産名	所在地	時期	構成資産名	所在地	時期
大平山元遺跡	青森県外ヶ浜町	草創期	小牧野遺跡	青森県青森市	後期
垣ノ島遺跡	北海道函館市	早期～後期	鷲ノ木遺跡	北海道森町	後期
北黄金貝塚	北海道伊達市	前期	伊勢堂岱遺跡	秋田県北秋田市	後期
田小屋野貝塚	青森県つがる市	前期～中期	大湯環状列石	秋田県鹿角市	後期
三内丸山遺跡	青森県青森市	前期～中期	キウス周堤墓群	北海道千歳市	後期
二ツ森貝塚	青森県七戸町	前期～中期	高砂貝塚	北海道洞爺湖町	後期～晩期
入江貝塚	北海道洞爺湖町	前期～後期(前)	大森勝山遺跡	青森県弘前市	晩期
大船遺跡	北海道函館市	中期	亀ヶ岡石器時代遺跡	青森県つがる市	晩期
御所野遺跡	岩手県一戸町	中期	是川石器時代遺跡	青森県八戸市	晩期(中)

北海道・北東北の縄文遺跡群

❶ 大森勝山遺跡　晩期の大規模な環状列石。

❷ 鷲ノ木遺跡　駒ヶ岳と環状列石。

❸ 大湯環状列石　2つある環状列石の1つ野中堂環状列石。

❹ 小牧野遺跡　特徴的な組石群。

❺ 北黄金貝塚　復元された竪穴建物。

❻ 大船遺跡　復元された北の縄文ムラ。

参考文献

安田喜憲　一九八〇『環境考古学事始―日本列島二万年―』ＮＨＫ出版

高田和徳　一九九〇「岩手県二戸郡一戸町御所野遺跡」『日本考古学年報』四二　日本考古学協会

高田和徳　一九九〇「岩手県二戸郡一戸町御所野遺跡の配石遺構」『文化財発掘出土情報』九五　ジャパン通信社

高田和徳　一九九三「岩手県二戸郡一戸町御所野遺跡」『日本考古学年報』四五　日本考古学協会

高田和徳　一九九三「縄文中期後半の大集落跡―岩手県御所野遺跡―」『季刊考古学』四二　雄山閣

高田和徳　一九九六「よみがえる縄文時代の大集落」『日本の古代遺跡五一　岩手』保育社

高田和徳　一九九七「御所野遺跡の焼失家屋」『考古学ジャーナル』四一五　ニュー・サイエンス社

高田和徳　一九九七「御所野遺跡の集落構成とその変遷」『日本考古学協会一九九七年度大会　研究発表要旨』日本考古学協会

浅川滋男・西山和宏　一九九七「縄文時代中期の焼失竪穴住居とその復原（一）（二）」日本建築学会大会学術講演梗概集

浅川滋男・西山和宏　一九九七「御所野遺跡で出土した縄文時代中期の焼失竪穴住居群」『奈良文化財研究所年報』　奈良国立文化財研究所

小林　克　一九九七「縄文のムラ、墓と祈り」『ここまでわかった日本の先史時代』角川書店

山田昌久　一九九七「縄文集落の大きさとしくみ」『縄文都市を掘る―三内丸山遺跡から原日本が見える―』ＮＨＫ出版局

高田和徳・山田昌久　一九九七「御所野遺跡の考古学的な集落分析」『人類誌集報』二　東京都立大学考古学研究室

高田和徳　一九九八「縄文土屋根住居の実験的復原」『人類誌集報』三　東京都立大学考古学研究室

高田和徳・西山和宏・浅川滋男　一九九八「縄文時代の土屋根住居の復原（一）（二）」『月刊文化財』四一七・四一八　第一法規出版

高田和徳・西山和宏　一九九八「縄文土屋根住居の復原―御所野遺跡の実験―」『先史日本の住居とその周辺』同成社

高田和徳　一九九九「縄文時代の火災住居」『考古学ジャーナル』四四七　ニュー・サイエンス社

高田和徳　一九九九「縄文土屋根住居の焼失実験」『月刊文化財』第一法規出版

高田和徳　二〇〇〇「土葺き屋根の竪穴住居」『季刊考古学』七三　雄山閣

浅川滋男・西山和宏　二〇〇〇「先史時代の木造建築技術」『木の建築』五〇　木造建築研究フォーラム

林謙作・岡村道雄編　二〇〇〇『縄文集落の復原』学生社

高田和徳　二〇〇一「東北内陸部の拠点集落」『白い国の詩』五三三　東北電力（株）地域交流部

高田和徳　二〇〇一「御所野遺跡の焼失住居にみる内部空間」『竪穴住居の空間と構造』国際日本文化研究センター千田研究室
浅川滋男・西山和宏・高田和徳　二〇〇一「縄文集落遺跡の復原―御所野遺跡を中心に―」『竪穴住居の空間分節に関する復原研究』奈良国立文化財研究所平城京跡発掘調査部
高田和徳　二〇〇三「縄文集落の復原事例―岩手県御所野遺跡の整備から―」『日本考古学』一五　日本考古学協会
高田和徳　二〇〇三「御所野遺跡の保存と活用」『日本歴史』七月号　吉川弘文館
高田和徳　二〇〇三「南部地方の縄文時代」『地方史研究』三〇四　地方史研究協議会
中村明央　二〇〇三「御所野縄文博物館」『考古学ジャーナル』五〇八　ニュー・サイエンス社
高田和徳　二〇〇三「焼失住居跡とその意味」『考古学ジャーナル』五〇九　ニュー・サイエンス社
高田和徳　二〇〇三「サハリン北部の土屋根住居　上・下」『岩手日報』二〇〇三年一一月八・九日夕刊
高田和徳　二〇〇五「遺跡を中心とした文化財行政―史跡公園を核とした総合的な文化財の調査研究とその活用―」『平成一七年度一戸町文化財年報』一戸町教育委員会
高田和徳　二〇〇五『縄文のイエとムラの風景　御所野遺跡』シリーズ「遺跡を学ぶ」〇一五　新泉社
松本直子　二〇〇五『先史日本を復元する2　縄文のムラと社会』岩波書店
高田和徳　二〇〇六「土屋根住居を探して」『北方博物館交流』一八　財団法人北海道博物館交流協会
高田和徳　二〇〇六「森と川に栄えた内陸の縄文文化」「土屋根の出現とその分布」「土屋根住居の調査」『平成一八年度　一戸町文化財年報』一戸町教育委員会
村本周三・高田和徳・中村明央　二〇〇六「岩手県御所野遺跡における竪穴住居火災実験」『考古学と自然科学』五三　日本文化財科学会
辻誠一郎　二〇〇六「日本の生態系史と人為生態系」『都市緑化技術』六〇　公益財団法人都市緑化機構
高田和徳　二〇〇七「復原された縄文の風景―御所野遺跡の調査から―」『平成一九年度　一戸町文化財年報』一戸町教育委員会
高田和徳・澤口亜希　二〇〇八「竪穴建物の屋内炉での薪燃焼実験について」『考古学ジャーナル』五七四　ニュー・サイエンス社
國木田大・吉田邦夫・辻誠一郎　二〇〇八「東北地方北部におけるトチノキ利用の変遷」『環境文化史研究』一　環境文化史研究会
辻圭子・辻誠一郎・大松志伸・高田和徳　二〇〇八「岩手県御所野遺跡における縄文中期終末期のトチノキ種実遺体群の産出状況と意義」『環境文化史研究』一　環境文化史研究会
高田和徳　二〇〇八「岩手県北部における縄文中期末の集落の変容について」『環境文化史研究』一　環境文化史研究会
高田和徳　二〇一〇「御所野遺跡盛土遺構の調査」『三内丸山遺跡などの盛土遺構の研究　予稿集』三内丸山遺跡研究会
高田和徳　二〇一〇「御所野遺跡の縄文里山づくり」『遺跡学研

究』七　日本遺跡学会
阿部昭典　二〇一〇「前庭部付石組炉の出現と機能・用途に関する検討―一戸町御所野遺跡を中心として―」『平成二一年度　一戸町文化財年報』一戸町教育委員会
辻圭子　二〇一〇「御所野遺跡から出土した植物遺体群にもとづく植生復元と植物資源利用」『平成二一年度　一戸町文化財年報』一戸町教育委員会
石井良　二〇一〇「石鏃の形態特性に関する実験研究」『平成二一年度　一戸町文化財年報』一戸町教育委員会
阿部昭典　二〇一一「石組炉と土器の実験考古学的な研究―縄文人は、住居の炉で調理したのか―」『平成二二年度　一戸町文化財年報』一戸町教育委員会
辻圭子　二〇一一「出土種実遺体と炭化木材からの御所野遺跡の植生復元と植物利用」『平成二二年度　一戸町文化財年報』一戸町教育委員会
中村耕作　二〇一一「岩手県における縄文時代中期後半の住居床面出土土器」『平成二二年度　一戸町文化財年報』一戸町教育委員会
村本周三　二〇一二「御所野遺跡およびその周辺の土器編年」『平成二三年度　一戸町文化財年報』一戸町教育委員会
阿部昭典　二〇一二「御所野遺跡とその周辺遺跡の住居形態」『平成二三年度　一戸町文化財年報』一戸町教育委員会
おかむらみちお　二〇一二「御所野遺跡の集落構造とその変遷―御所野縄文里山景観の復元―」『平成二三年度　一戸町文化財年報』一戸町教育委員会
佐々木由香　二〇一三「御所野遺跡における利用植物の解明」『平成二四年度　一戸町文化財年報』一戸町教育委員会
辻本裕也　二〇一三「御所野遺跡の立地環境に関する検討」『平成二四年度　一戸町文化財年報』一戸町教育委員会
おかむらみちお　二〇一三「御所野遺跡の縄文時代中期中葉の石器」『平成二四年度　一戸町文化財年報』一戸町教育委員会
佐々木由香　二〇一四「土器圧痕からわかる御所野遺跡の利用植物」『平成二五年度　一戸町文化財年報』一戸町教育委員会
柴田恵・中市日女子・高田和徳　二〇一四「御所野遺跡出土底部網代圧痕の編み物復元」『平成二五年度　一戸町文化財年報』一戸町教育委員会
富樫雅彦　二〇一四「御所野遺跡の石鏃について―縄文時代中期後半の石鏃を中心に―」『平成二五年度　一戸町文化財年報』一戸町教育委員会
遠藤匡俊　二〇一四「御所野遺跡周辺の縄文集落に関する歴史地理学的研究」『平成二五年度　一戸町文化財年報』一戸町教育委員会
高田和徳　二〇一五「自然と共生した縄文文化と世界遺産―北海道・北東北の縄文遺跡群―」『いわて文化財』二一六　岩手県文化財愛護協会
佐々木由香・菅野紀子・中市日女子・柴田恵・高田和徳　二〇一五「縄文時代の敷物圧痕の素材同定と加工技術―岩手県一戸町御所野遺跡を中心に―」『日本考古学協会八一回総会　研究発表要

旨』日本考古学協会
秦昭繁　二〇一五「珪化木と珪質頁岩の石鏃製作について」『平成二六年度　一戸町文化財年報』一戸町教育委員会
御所野縄文博物館　二〇一七『えっ！縄文時代にアスファルト？展図録』
アスファルト研究会編　二〇一七『縄文時代のアスファルト利用Ⅰ』
アスファルト研究会編　二〇一八『縄文時代のアスファルト利用Ⅱ』
高田和徳　二〇一九「縄文時代の建築復元事例―御所野遺跡から―」『文化遺産と〈復元学〉』吉川弘文館

報告書

一戸町教育委員会　一九九一『御所野遺跡―平成二年度御所野遺跡発掘調査概報―』一戸町文化財調査報告書二六（発掘調査一九八九～一九九〇）
一戸町教育委員会　一九九二『御所野遺跡―平成三年度御所野遺跡発掘調査概報―』一戸町文化財調査報告書二九（発掘調査一九九一）
一戸町教育委員会　一九九三『御所野遺跡Ⅰ―縄文時代中期の大集落跡―』一戸町文化財調査報告書三二（発掘調査一九八九～一九九二）
一戸町教育委員会　二〇〇四『御所野遺跡Ⅱ』一戸町文化財調査報告書四八（発掘調査一九九四～一九九八）
一戸町教育委員会　二〇〇四『一戸城跡・御所野遺跡・野里遺跡―平成一五年度町内遺跡発掘調査報告書―』一戸町文化財調査報告書四九（発掘調査　二〇〇三）
一戸町教育委員会　二〇〇六『御所野遺跡Ⅲ』一戸町文化財調査報告書五三（発掘調査一九九九～二〇〇五）
一戸町教育委員会　二〇〇六『御所野遺跡―平成一六、一七年度町内遺跡発掘調査報告書―』一戸町文化財調査報告書五四（二〇〇四～二〇〇五）
一戸町教育委員会　二〇〇九『御所野遺跡・馬場平遺跡―平成一九・二〇年度町内遺跡発掘調査報告書―』一戸町文化財調査報告書六四（発掘調査二〇〇七～二〇〇八）
一戸町教育委員会　二〇一三『御所野遺跡Ⅳ』一戸町文化財調査報告書六八（発掘調査二〇〇九～二〇一二）
一戸町教育委員会　二〇〇四『御所野遺跡環境整備事業報告書Ⅰ』
一戸町文化財調査報告書五〇
一戸町教育委員会　二〇〇七『御所野遺跡環境整備事業報告書Ⅱ』
一戸町文化財調査報告書六〇
一戸町教育委員会　二〇一〇『御所野遺跡植生復元整備計画書―縄文里山づくり事業―』
一戸町教育委員会　二〇一四『史跡御所野遺跡保存管理計画』

あとがき

御所野遺跡の発掘調査は一九八九年にはじまりました。工業団地の造成にともなう事前調査でしたが、まもなく保存運動が起こり、遺跡は全面保存されることになりました。

そして一九九三年に国史跡となり、翌年から整備事業がスタートし、縄文集落を復元するための調査を再開し、二〇〇五年まで継続しました。二〇〇七年からは遺跡の範囲を確認するための調査を二年間実施し、その後、二〇〇九年に遺跡の中心部を掘り下げて詳細を確認しています。この調査は四年間継続しました。

以上の調査によって遺構の分布確認は遺跡全体の四三パーセント、そのうち具体的に掘り下げて調査したのは一五パーセントです。本書はこのような限られた調査で得られた情報をもとにしてまとめた内容を紹介しました。

遺跡には人間の活動によって残された情報とともに、自然の営みとして大地に残された記録が多くあります。御所野遺跡の調査では、そのいずれからも多くの情報が得られており、それぞれ専門の先生方に分析や評価をしていただいてきました。一つの遺跡を多方面から調査して、それをきちんと整理することで、縄文社会の一面を語ることができるということを実感いたしました。本書で紹介した内容は、その一つひとつが、このような多方面からの調査で得られた縄文人からのメッセージと考えていただければと思います。

御所野遺跡の発掘調査では、一九八九年以来、多くの方々にご指導、ご協力をいただいてきました。ここに改めて衷心より御礼申し上げます。なかでも本書の刊行にあたってはつぎの方々からご指導、ご協力を賜りました。重ねて御礼申し上げます（敬称略）。

岡村道雄（奈良文化財研究所名誉研究員）、山田昌久（首都大学東京教授）、辻誠一郎（東京大学名誉教授）、辻圭子、羽生淳子（カリフォルニア大学バークレー校教授）、西本豊弘（噴火湾文化研究所）、佐々木由香（明治大学黒耀石研究センター）、小林克（元秋田県立埋蔵文化財センター所長）。

本書は「03御所野縄文ムラの土器」「06縄文人はアスファルトを使っていた」を菅野紀子が、それ以外を高田和徳が執筆しました。図版・写真図版の作成、資料整理などでは御所野縄文博物館といちのへ文化・芸術NPOの職員が担当しました。

御所野遺跡の調査がはじまってから三〇年が経過しました。本書はその間の調査成果の一部を紹介しましたが、御所野遺跡には未知の情報がたくさん眠っています。これらを将来にむけて大切に保存するとともに、研究活動を継続しながら、いつの日かまたこのような形で新たな情報を紹介できればと考えております。

御所野縄文博物館館長　高田和徳

◎遺跡紹介

御所野縄文博物館（御所野縄文公園）
岩手県二戸郡一戸町岩舘字御所野二
電話／〇一九五－三二－二六五二　ファックス／〇一九五－三二－二九九二
ホームページ／https://goshono-iseki.com
開館時間／午前九時～午後五時（展示受付は四時半まで）
休館日／月曜（祝祭日の場合は翌日）、祝祭日の翌日、年末年始
展示室入館料／一般三〇〇円、大学生二〇〇円、高校生以下無料
交通／東北新幹線二戸駅から車で約十五分、ＩＧＲいわて銀河鉄道一戸駅から車で約五分

◎執筆者紹介

高田和徳◎たかだ　かずのり／岩手県出身。岩手県教育委員会文化課、一戸町教育委員会社会教育課を経て、現在、御所野縄文博物館館長兼世界遺産登録推進室推進監。
おもな著作　『御所野遺跡Ⅰ――縄文時代中期の大集落跡』（一戸町教育委員会、一九九三年）、『縄文のイエとムラの風景　御所野遺跡』シリーズ「遺跡を学ぶ」〇一五（新泉社、二〇〇五年）、『火と縄文人』（編分担執筆、同成社、二〇一七年）

菅野紀子◎かんの　のりこ／岩手県出身。（公財）岩手県文化振興事業団埋蔵文化財センターを経て、現在、御所野縄文博物館主任学芸員兼世界遺産登録推進室文化財主任。
おもな著作　『御所野遺跡Ⅳ』（編分担執筆、一戸町教育委員会、二〇一三年）、『御所野遺跡Ⅴ―総括報告書―』（編分担執筆、一戸町教育委員会、二〇一五年）、『馬場平遺跡・蒔前遺跡―平成二八・三〇年度町内遺跡発掘調査報告書』（一戸町教育委員会、二〇一九年）

写真・図版提供

43頁　❸❹佐々木榮一（豊川油田の歴史を伝える会顧問）、❺久慈琥珀博物館、❻糸魚川市教育委員会、❼秋田県埋蔵文化財センター、❽吉川耕太郎

86頁　地図：「色別標高図」（国土地理院、海域部は海上保安庁海洋情報部の資料を使用して作成）をもとに作成

87頁　❶弘前市教育委員会、❷森町教育委員会、❸鹿角市教育委員会、❹青森市教育委員会、❺伊達市教育委員会、❻函館市教育委員会

御所野遺跡ほか一戸町内の遺跡写真は御所野縄文博物館

縄文ムラの原風景
御所野遺跡から見えてきた縄文世界

二〇二〇年二月二〇日　第一版第一刷発行

編者――御所野縄文博物館

執筆者――高田和徳・菅野紀子

発行所――新泉社
東京都文京区本郷二－五－一二
電話　〇三－三八一五－一六六二
ファックス　〇三－三八一五－一四二二

印刷――三秀舎　製本――榎本製本

ISBN978-4-7877-1922-5　C1021

世界から見た北の縄文　御所野遺跡と北海道・北東北の縄文遺跡群

御所野縄文博物館編　A5判変型一六四頁／一八〇〇円＋税

日本列島という枠をとりはずして、縄文文化の特色を考える。

世界から見た北の縄文（高田和徳）／世界遺産で何が求められているのか（鈴木地平）／世界から見た縄文文化（羽生淳子）／東北アジアから見た縄文文化（大貫静夫）／先史時代の暴力と戦争（松本直子）／文化人類学者が語る御所野遺跡の価値と魅力（ジョン・アートル）

環状列石ってなんだ　御所野遺跡と北海道・北東北の縄文遺跡群

御所野縄文博物館編　A5判変型一七六頁／一八〇〇円＋税

北の縄文人は、なぜ巨大なストーンサークルを生み出したのか。

御所野遺跡から環状列石を読み解く（高田和徳）／世界遺産としての縄文文化（小杉康）／埋めない墓：環状列石と墓（小林克）／縄文人と神話的世界観（大島直行）／縄文時代にさかのぼるアイヌ語系地名（八木光則）

シリーズ「遺跡を学ぶ」15

縄文のイエとムラの風景　御所野遺跡

高田和徳著　A5判九六頁／一五〇〇円＋税

岩手県一戸町の縄文集落・御所野遺跡からは五〇〇軒以上の竪穴住居跡が見つかっているが、発掘調査から、その屋根には土が厚く被さっていたことがわかった。そのムラの景観を明らかにし、実験的に復原していく試みを描く。